범일 국사

대관령의 신(神)이 되다

범일국사

대관령의 신(神)이 되다

글 — 조민기

민족사

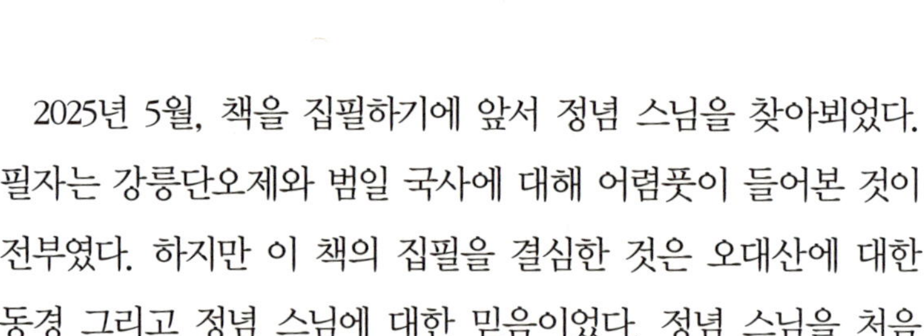

2025년 5월, 책을 집필하기에 앞서 정념 스님을 찾아뵈었다. 필자는 강릉단오제와 범일 국사에 대해 어렴풋이 들어본 것이 전부였다. 하지만 이 책의 집필을 결심한 것은 오대산에 대한 동경 그리고 정념 스님에 대한 믿음이었다. 정념 스님을 처음 뵌 것은 10여 년 전, 오대산과 월정사에 대한 다큐멘터리에 작가로 참여할 때였다.

필자는 정념 스님의 말씀을 들으며 오대산에 살아 숨 쉬는 역사와 문화를 처음으로 알게 되었다. 그 후 오대산을 답사하며 이 땅에 처음으로 모셔진 부처님의 진신사리에 참배할 때 말할 수 없는 성스러운 거룩함을 느꼈고 무척 감동했다. 그 후 필자에게 오대산은 아주 특별하고 소중한 기억으로 남아 있었다. 그래서 이 책의 집필 제안을 받았을 때 정념 스님이 직접 구상한 기획 의도를 이해하는 것이 가장 중요했다. 역사

속 행간을 치밀하게 상상하는 글을 써온 필자에게도 범일 국사는 생소한 분이었기 때문이다.

정념 스님께서 밝힌 기획 의도는 선명하고 정확했다. 오대산과 깊은 인연을 맺은 고승들의 삶과 가르침 그리고 오대산이 품어 온 정신을 오늘의 언어로 되살려 제대로 알리고 싶다는 것이었다. 오대산을 떠올렸을 때 범일 국사를 비롯한 위대한 수행자들의 고고한 가르침을 '느낄 수 있는' 친절하고 대중적인 글을 바란다고도 말씀하셨다.

빠르게 변화하는 세상에서 우리는 정서적 허기와 갈증에 허덕이고, 넘처나는 편리 속에서 불평등과 마주하며 삶의 기준은 쉼 없이 휘청이며 방향을 잃는다. 그 과정에서 나의 참모습은 갈등과 분노, 좌절과 패배감에 충돌하고 부딪히며 희미해진다. 이러한 때에 유구한 세월 동안 오대산이 지켜온 정신적 가치를 통해 내면의 아픔과 상처를 치유하고 극복하길 바란다는 정념 스님의 말씀은 정말 감동이었다.

책을 쓰면서 정념 스님의 말씀은 더욱 새록새록 다가왔다. 오대산의 고승들은 번뇌와 욕망의 불길을 지혜로 다스리며 끊임없이 변화하는 시대에 부응하는 불교 정신을 제시했다. 그렇기에 이들은 학문과 신앙의 영역에만 존재하는 '과거의 인물'이 아니라 오늘날 우리가 어떻게 살아야 하는지를 알려 주는 스승이었다. 특히 선종의 중흥을 일군 범일 국사의 궤적은 오대산의 정신과 놀랍도록 닮았다.

통일신라 말, 범일 국사는 세 명의 왕으로부터 국사로 추대받았으나 모두 거절했다. 그리고 40년 동안 굴산사에 주석하며 사굴산문을 열었다. 이는 은둔의 수행이 아니라 현실을 관조하고 통찰하여 더 큰 실천과 회향으로 나아가기 위함이었다. 왕위의 주인이 쉬지 않고 바뀌는 동안 범일 국사는 오대산에 계율을 굳게 세우고 수행에 새로운 숨결을 불어넣으며 다가오는 미래를 보았다. 언제나 계율은 수행의 뿌리였고, 실천은 수행의 동력이었다.

사바세계의 흙탕물이 가라앉을 때를 정확하게 관찰한 범일 국사는 어떠한 진흙에도 물들지 않는 청정하고 향기로운 연꽃을 피워냈다. 신라가 무너지고 후삼국시대의 혼란을 거쳐 고려가 건국된 후에도 사굴산문의 정신은 시들지 않았다. 범일 국사의 정신은 제자들에게로 이어져 고려 불교의 한 획을 그은 보조 국사 지눌을 탄생시켰다.

범일 국사는 열반한 뒤에도 사람들 곁을 떠나지 않았다. 그는 대관령의 국사성황신이 되어 오늘날까지 이 지역을 지키는 존재로 살아 있다. 민중의 간절한 바람과 신앙으로 오대산의 고승 범일 국사가 대관령국사성황신이 되는 새로운 신화를 만든 것이다. 범일 국사의 삶은 깨달음을 향한 수행과 중생을 보듬는 자비가 결코 둘이 아님을 몸소 보여 준다.

범일 국사가 스님과 신의 경계를 초월하여 중생을 위한 신으로 다시 탄생한 것은 오대산이 있기에 가능했다. 불교와 토속 신앙의 세계가 화엄으로 완성되는 오대산에서 범일 국사는 자연스럽게 대관령국사성황신이 된 것이다. 신이 된 범일 국사는 대관령 성황당에 모셔졌고, 강릉단오제의 주신이 되어 민중의 삶 속으로 스며들었다. 오대산의 문화와 정신이 함께하는 강릉단오제는 천년이 넘는 긴 세월 동안 전통과 역사를 자랑하는 세계적인 축제로 자리매김했다.

이 책은 오대산에서 시작하여 여전히 오대산에서, 사람들의 마음속에서 살아 있는 한 고승의 삶을 따라가는 이야기이다. 혼란의 시대를 어떻게 살아야 하는지를 온 삶으로 답했던 한 수행자의 길을, 이제 천천히 들여다보고자 한다.

차례

3장 오대산 아래 사굴산문이 열리다

4장 신이 된 스님

　범일(梵日) 선사는 굴산사 마당으로 들어서는 젊은 스님 신의(信義)를 보며 잠시 걸음을 멈췄다. 구멍이 크게 뚫려 발가락이 훤히 드러난 짚신, 여기저기 덧붙인 누더기 승복 차림은 초라하기 그지없었다. 그러나 그 행색과는 달리 얼굴에는 청아한 기운이 가득 차 있었다. 꾸밈없는 눈빛이 오히려 사람의 시선을 붙잡았다.

　범일의 제자들은 젊은 스님의 모습을 쳐다보고는 잔뜩 눈살을 찌푸렸다. 그러나 그는 다른 사람들의 시선은 조금도 개의치 않고 범일 앞으로 나아가 큰절을 하고 나서 여쭈었다.

　"저는 '신의(信義)'라고 하는 승려입니다. 스님께 법을 배우고자 찾아왔습니다. 제자가 되고자 하오니 가르침을 주시옵소서."

　범일은 그를 잠시 바라보다가 담담히 고개를 끄덕였다.

"잘 왔네. 이곳에 머무는 동안 궁금한 것이 있으면 개청(開淸)에게 물어보거라."

"그리하겠습니다."

그날 밤, 범일은 제자 개청을 불러 조용히 말했다.

"좋은 납자(승려)가 온 것 같구나."

"저도 그렇게 느꼈습니다."

"며칠 뒤 오대산에 갈 때, 그를 데리고 가야겠다."

"준비하겠습니다."

개청 역시 신의가 마음에 들었다. 범일 선사가 굴산사를 비우고 오대산에 머무는 날이 점점 늘어나고 있던 터였다. 시봉할 제자 없이 길을 떠나는 것이 늘 마음에 걸렸는데, 신의라면 안심이 될 것 같았다.

신의는 처음 굴산사에 들어온 날부터 어떤 일에도 걸림이 없었다. 방사가 모자라면 한적한 나무 아래서 밤을 보내고, 공양이 부족하면 물 한 바가지로 끼니를 대신했다. 굴산사에 온 시기와 구족계 받은 날을 따지며 선후배를 가르고 위계질서를 세우려는 납자들 사이에서, 그는 자연스레 괴짜로 불렸다.

그러나 개청은 그런 신의를 존중했다. 그의 걸림 없는 행동은 한 번도 부처님의 가르침을 벗어난 적이 없었다. 범일 선사 역시 대중 앞에서는 말을 아꼈지만, 마음속으로는 신의를 아끼고 있었다. 개청은 그 마음을 알았기에, 신의가 대중의 시선과 잣대에서 벗어나 수행에 전념할 수 있도록 조용히 길을 열어 주었다.

범일 선사는 왕실로부터 왕사의 예우를 받을 만큼 존경받는 고승이었지만, 거친 옷과 거친 음식에 조금도 구애받지 않았다. 명주(강릉) 일대의 호족과 백성들이 올린 가사와 발우는 그를 흠모한 이들의 정성이었을 뿐, 범일 선사 스스로가 요구한 것은 아니었다. 그러나 신의는 그보다 더 철저했다.

승복이 찢어지면 몇 번이고 다시 기워 입었고, 짚신이 없으면 맨발로 길을 나섰다. 이를 두고 어떤 도반(道伴; 함께 진리를 닦는 벗)들은 농담처럼 말했다.

"백결 선생(百結 先生)도 신의보다는 옷을 덜 기웠을 게야."

백결 선생은 거문고의 명인으로 세상을 달관한 분으로 유명했다. 선생의 청빈한 삶 또한 널리 알려졌다. 『삼국사기』의 기록에 따르면, 그는 가세가 빈곤하여 늘 누더기 옷을 입고 다녔는데, 그 모양이 마치 메추리가 매달린 것 같았다고 한다. 그래서 사람들은 그를 '백결(百結) 선생'이라고 불렀다. 옷을 백 번을 기웠다는 뜻이다.

도반들의 농담 섞인 말을 듣고 신의가 웃으며 대답했다.

"좋은 음식을 먹는다고 소화가 더 잘 되는 것을 본 적 있소? 기름진 음식을 먹고 뒷간으로 뛰어간다면, 그것은 소화가 잘된 게 아니라, 분에 넘치는 음식이 들어가 탈이 난 것이오. 거친 음식도 감사한 마음으로 꼭꼭 씹어 먹으면 수행에 좋은 양분이 된다오. 기름진 음식을 먹는다고 깨달음이 빨라지는 것도 아니고, 거친 음식을 먹는다고 하여 늦어지는 것도 아니지 않겠소. 옷도 마찬가지라오. 비단옷을 입는다고 깨달음이 높아지는 것도 아니고, 기운 옷을 입는다고 낮아지는 것도 아니라오."

그러자 도반들이 말했다.

"신의 수좌는 청빈하고 무욕한 두타행자(頭陀行者)시네."

신의의 대답에 도반들은 그날부터 그를 '두타승'이라 불렀다. 역사서에서도 그를 '두타승'이라고 부른다. 그러나 신의는 그 별명에도 전혀 개의치 않았다. 오히려 웃으며 묵묵히 자신의 자리를 지켰다.

며칠 뒤, 범일은 신의와 함께 오대산으로 향했다. 신의는 범일의 발우와 다기(茶器; 차를 우려 마시는 도구)를 정성껏 바랑(스님들이 등에 지고 다니는 자루 같은 큰 주머니)에 챙겨 메고 묵묵히 스승의 뒤를 따랐다. 범일은 오대산에 들어가면 보름 이상 머무르며 초막이나 암자에서 지내곤 했다. 굴산사에서도 바위 위에서 좌선하던 그였지만, 오대산에서는 그 어떤 거리낌도 없었다.

범일은 신의를 자장 율사와 신효 거사가 머물렀던 초막으로 데려갔다. 오랫동안 사람의 발길이 닿지 않은 곳이라 마당에는 풀이 무성했고, 초막 안에는 먼지가 내려앉아 있었다.

"어떠냐?"

신의는 주변을 천천히 둘러보다가 숨을 고르듯 말했다.

"부처님의 청정한 가르침이 솟아나는 곳 같습니다."

"허허, 눈이 밝구나. 이곳이 자장 율사께서 머물던 곳이니라."

범일의 말에 신의의 얼굴이 환히 밝아졌다. 범일이 초막에 머무는 동안 신의는 한결같이 예를 다해 시봉(侍奉; 어른을 모시는 사람)했다. 범일이 좌선에 들면 그는 마당에 앉아 함께 좌선했고, 매일 아침 개울에서 물을 길어 차를 끓여 올렸다.

어느 날, 범일은 신의가 올린 차를 오대산의 불보살께 공양하며 조용히 말했다.

"오대산의 불보살께 정성을 다해 발원하거라. 내가 입적한 뒤, 장차 이곳에 전각을 세우고 가람을 일굴 이는 그대가 될 것이다."

그 말에 신의의 표정이 숙연해졌다. 그는 마당에 두 무릎을 꿇고 합장한 채 깊이 머리를 숙였다.

'오대산의 불보살님께 발원하옵니다. 제자 신의는 이곳에 법당을 세우고 가람을 일으켜, 청정한 부처님의 가르침을 오래도록 전하고자 합니다.'

발원을 마친 신의의 가슴은 터질 듯 벅찼다. 범일은 그런 그를 바라보며 마지막으로 당부했다.

"지성으로 수행하여 지혜를 닦고, 마음을 더럽히지 마라. 평상심이 곧 도(道)임을 알고 그 마음을 잘 지킨다면, 오대산의 불보살께서 반드시 네 발원을 이루어 주실 것이다."

1 장

오대산의 정기를 품다

김술원,
오대산에서 자장 율사를 만나다

명주 도독으로 임명된 김술원은 부임지로 향하기 전 먼저 오대산에 들렀다. 당시엔 명주 도독으로 부임하는 이는 반드시 오대산을 참배했다. 이는 김주원이 명주군왕으로 봉해진 후부터 시작된 전통이었다. 김술원은 비록 직계는 아니었으나 김주원의 후손이었고 또한 명주에서 자랐기에 오대산은 그에게 익숙했다. 하지만 명주 도독이 되어 오대산을 참배하니 감회가 새로웠다.

특히 그는 오대산에 올 때마다 부처님의 진신사리를 모신 중대 불단을 참배했다. 가파른 중대에 오르느라 김술원의 이마에 땀이 송글송글 맺혔다. 하지만 그는 걸음을 멈추지 않았다. 이윽고 중대 불단에 이르자 시원한 바람이 불어 왔다. 머리 위로 오대산의 차가운 샘물이 쏟아지는 것처럼 온몸이 청량해졌다.

'이곳이 부처님의 사리를 모신 오대산의 정수리요, 최상의 법당이로구나!'

김술원은 부처님의 진신사리가 모셔진 바위 불단에 정성을 다하여 절을 올렸다.

'재주 없는 사람이 큰 소임을 맡았습니다. 부디 명주의 백성들을 잘 다독이며 이끌어 갈 수 있도록 지혜를 주소서. 부디 부처님의 지혜로 명주의 백성들이 금성(서라벌)의 반란과 역모에 휘말리지 않게 해 주소서.'

김술원의 기도는 간절했다. 수도 금성에서는 왕위를 둘러싼 권력 다툼이 끊이지 않았다. 하지만 김주원이 명주에 자리를 잡은 후 명주는 권력 다툼에 휘말리지 않았다. 군사적 요충지였기에 전란을 피할 수는 없었으나 명주는 권력을 가진 이들이 심신을 갈고닦기 위해, 마음을 다스리기 위해 앞다투어 찾는 곳이었다. 그 중심에 바로 오대산이 있었다.

김술원의 선조인 명주 군왕 김주원은 본디 제37대 선덕왕의 뒤를 이어 왕위에 오를 예정이었다. 아들이 없던 선덕왕이 승하하기 전, 태종 무열왕의 직계 혈통이자 자신의 조카인 김주원을 후계자로 내정했기 때문이었다. 하지만 선덕왕 승하 후, 왕궁에 먼저 도착한 상대등 김경신은 김주원이 입궁하기 전 화백회의를 주관하여 귀족들의 만장일치로 왕위를 차지했다.

신라 최고의 귀족들로 구성된 화백회의에서 나온 결정은 바꿀 수 없었다. 그래서 만장일치를 원칙으로 단 한 사람이라도 반대하면 통과할 수 없었다. 중요한 결정일수록 신중해야 했고, 귀족들 모두 인정할 수 있어야 했기 때문이었다. 문제는 왕위를 차지한 김경신이 당시 상대등이라는 것이었다. 상대등은 화백회의를 주재하는 귀족 대표를 의미했고 그 권한은 하늘을 찔러, 관직 중 으뜸인 '시중'을 능가할 정도였다. 즉, 김경신은 김주원이 입궁하지 못하는 사이 지위와 권한을 이용해 화백회의를 열고, 군사력으로 귀족들을 압박해 왕위에 오른 것이다.

김경신은 왕위를 차지했으나 안심할 수는 없었다. 비록 화백회의에 참석하지 못했으나 김주원에게는 선왕의 유언이라는 강력한 명분이 있었다. 만약 김주원이 왕위를 되찾겠다며 군사를 일으킨다면 전투가 벌어질 수도 있었다. 하지만 결과를 들은 김주원은 왕위를 깨끗하게 포기하고 금성을 떠나 명주로 향했다.

식솔들과 함께 명주로 가던 김주원은 먼저 오대산을 참배했다. 그는 맑고 신성한 기운이 깃든 오대산에서 왕위에 대한 집착과 미련을 완전히 내려놓고 새로운 삶을 시작했다. 김주원은 자신이 권력 다툼의 업보(자신이 지은 말과 행동에 대한 결과를 받는 것)와 과보(과거의 업에 대한 결과)에서 벗어날 수 있었던 것은 오대산의 신령한 힘 덕분이라고 굳게 믿었다. 명주에 자리를 잡은 후 김주원은 매년 오대산을 참배했고, 이후 명주 도독으로 임명된 이는 오대산을 참배하는 것이 관직의 첫 행보가 되었다.

참배와 기도를 마친 김술원은 중대로 내려오기 전, 샘물을 마셨다. 차가운 물이 목을 타고 흐르는 순간, 알 수 없는 힘에 이끌린 김술원이 샘물 앞에 무릎을 꿇었다. 그때 샘물에 환한 빛이 펼쳐지며 한 고승이 모습을 드러냈다. 한눈에 보아도 범상한 인물이 아니었다. 김술원은 오대산의 영험과 가피 이야기를 익히 들어왔기에 한 치의 의심 없이 고승을 향해 절을 올린 후 말했다.

"저는 명주 도독 김술원입니다. 고승께서는 어떠한 연유로 저를 찾으셨습니까?"

"하하, 나를 보고도 놀라지 않으니 보통 분은 아니라는 것을 알겠소."

"명주 백성 가운데 오대산에 불보살님들이 상주하시는 것을 모르는 이가 있겠나이까. 다만 친견한 이와 그렇지 못한 이가 있을 뿐입니다. 오늘 부처님의 진신사리에 참배 올린 가피로 이렇게 고승을 뵙게 되었으니 이 또한 저의 복입니다. 고승께 실례할 수 없어 감히 묻습니다. 뉘신지 여쭤보아도 되겠습니까?"

"그대의 성정이 참으로 세심하구려. 내 법명은 자장이요, 남들은 나를 대국통이라고도 하오."

고승의 말을 듣는 순간 김술원은 온몸에 소름이 돋았다. 자장 율사라면 신라가 삼국을 통일하기 전, 선덕여왕과 김유신 장군과 함께했던 전설적인 분이 아니던가. 자장 율사는 왕족 출신이었으나 출가하여 당나라에 유학했고 당나라에서 문수보살을 친견하고 부처님의 진신사리와 가사, 발우를 받아서 신라로 귀국했다. 그 후 자장 율사는 '부처님의 가르침이 멸하지 않고 널리 흥할 곳'을 찾아 오대산으로 왔고 오대산에 부처님의 진신사리를 모셨다. 김술원이 방금 참배한 바로 그 불단을 세운 주인공이자 신라 최초의 국사로 모셔진 대국통이었다. 무엇보다 자장 율사는 언제, 어디서 입적했는지 정확하게 알려지지 않았으나 이미 세상에서 사라진 지 100년이 훨씬 지난 사람이었다.

눈앞의 고승이 진정 그 자장 율사인지 아니면 이것이 꿈인지 생시인지 알 수 없었으나 김술원은 떨리는 마음을 추스르며 급히 무릎을 꿇고 이마를 땅에 대며 말했다.

"명주 도독 김술원이 오대산에서 대국통 자장 율사를 뵙습니다."

"일어나시오. 그대에게 부탁할 것이 있어 찾아온 것이니…."

"말씀하시옵소서."

"오늘 그대가 오대산을 참배하는 것을 보았소. 참으로 순수한 정성이 담긴 참배였소."

"성인이 머무시는 성스러운 산을 어찌 정성 없이 참배하오리까."

"머지않아 오대산에 용의 기운을 가진 이가 찾아올 것이오. 그는 용의 혈통을 지녔으나 슬프게도 오래 살지 못할 것이오."

"용의 기운을 가진 이라 하시면…."

"신라의 왕이오."

"…!"

"왕위란 천륜을 어길 수 있을 정도로 비정한 것이오. 그는 자신이 오래 살지 못할 것을 이미 알고 있소. 조만간 부처님께 바칠 자식을 얻고자 오대산에 와서 기도할 것이오."

"자식을 얻고자 하다니… 그게 무슨 말씀이시옵니까?"

"그는 금성에서 자식을 얻지 못했으나, 명주에서 아들을 얻을 것이오."

"금성은 왕위를 원하여 다투는 이들의 피가 가득한 곳입니다. 진실로 왕의 아들이 이곳에서 태어난다면… 명주도 무사하지 못할 것입니다."

"그렇지 않을 것이오. 그 아이는 내가 초막을 지어 계율을 세운 이 오대산에 머물며 오래도록 부처님의 가르침을 싹틔울 씨앗을 뿌릴 것이오."

"왕의 아들로 태어났으나 왕위에 오르지 않는다는 말씀이십니까?"

"그렇소. 명주는 무사할 것이오. 아니, 오히려 그 아이로 인하여 명성을 크게 떨칠 것이오."

"그 아이는 누구입니까?"

"때가 되면 알게 될 것이오. 아비 없는 아이가 태어나 상서로운 일들이 일어나거든, 내가 말한 그 아이라고 알고 잘 보살펴 주시오."

"제가 할 일을 알려 주십시오."

"그 아이를 지켜 주시오. 그는 장차 오대산을 영원히 멸하지 않는 불국토로 완성할 것이오."

자장 율사의 말이 끝나자, 김술원은 그 발치에 엎드려 이마를 대고 맹세했다.

"힘이 닿는 데까지 지키고 보살피겠습니다. 오대산이 불국토가 되도록 돕겠습니다. 반드시 그리하겠습니다."

"좋소, 아주 좋소. 그대를 믿소."

김술원의 어깨를 다독여 준 자장 율사가 주장자(스님들이 설법할 때 쓰던 지팡이)를 흔들었다. 곧바로 그의 모습이 순식간에 사라졌다. 그림자가 길어지기 시작하자 중대 아래에서 기다리던 수하들이 하나둘 올라왔다. 해가 지기 전에 산에서 내려가야 했기 때문이었다. 수하들은 샘물 앞에서 넋을 잃고 앉아 있던 김술원을 발견하고 놀라서 달려왔다. 수하들이 다가오자 김술원이 몸을 일으키려다가 잠시 균형을 잃었다. 다리에 힘이 풀렸다는 것조차 모르고 있던 것이다.

"무슨 일이십니까?"

"얼굴이 창백하십니다. 일어나실 수 있으십니까?"

"괜찮다. 잠시 귀인을 만나 고언을 듣느라 시간 가는 것을 잊었네."

"태수님을 발견했을 때 아무도 보지 못했습니다만. 귀인이라 하시면….”

“오대산의 귀인이 어찌 범인과 같겠는가. 더 이상 묻지 말라.”

“….”

김술원은 자장 율사와의 만남을 가슴에 품은 채 오대산에서 내려왔다. 자장 율사가 말한 신라의 왕이 은밀하게 오대산을 찾은 것은 그로부터 얼마 지나지 않아서였다.

애장왕,
오대산에서 아들을 발원하다

809년 초여름, 금성의 하늘은 맑았으나 궁궐 안 공기는 눅눅하고 무거웠다. 어좌에 앉은 애장왕의 창백한 얼굴은 누군가의 그림자에 짓눌려 있는 것처럼 불안해 보였다. 소성왕이 승하하고 열세 살의 어린 나이로 왕위에 오른 지 벌써 10년이 흘렀다. 하지만 애장왕은 한 조각의 실권도 가져 보지 못한, 이름만 왕인 꼭두각시였다.

그날도 김언승은 형식적인 정무 보고를 마치고 물러가는 중이었다. 그때, 애장왕이 어렵게 입을 열었다.

"숙부, 한 가지 청이 있습니다."

김언승이 돌아보자, 애장왕은 흠칫 놀랐다. 어좌와 조금도 어울리지 않는, 왕의 위엄이라고는 찾아볼 수 없는 어린아이 같은 모습이었다. 김언승의 눈에 애장왕은 이제 막 왕위에 오른, 겁 많은 13세 소년처럼 보였다.

"말씀하시지요, 전하."

"…장화부인을 만나고 싶습니다. 지난밤 꿈에 아버님께서 저를 꾸짖으시며 여동생은 잘 지내느냐고 거듭 물으셨습니다. 얼굴이라도 보면 마음이 놓일 것 같습니다."

승하한 소성왕의 이름이 애장왕의 입에서 나온 순간, 방 안의 공기가 얼어붙었다. 김언승의 이마에 얕은 주름이 잡히자, 애장왕은 한기가 든 것처럼 몸이 떨렸다. 애장왕은 김언승의 눈빛과 표정에서 이미 답을 읽었으나 물러서지 않았다. 지금이 아니면 궁궐을 나설 기회가 영영 없다는 것을 아는 것처럼 용기를 그러모아 재차 말했다.

"조정의 일은 모두 숙부에게 의지한 지 오래입니다. 잠시 자리를 비워도 아무도 알지 못할 것입니다. 궁 밖으로 나가 바람을 쐬고 싶은데… 아니 되겠습니까?"

'궁을 비우겠다는 것인가?'

오랫동안 계획해 온 반란을 앞둔 김언승에게 애장왕의 말은 너무도 공교롭게 들렸다. 여러 가지 생각과 의심이 머릿속을 휘몰아쳤으나 김언승은 언제나처럼 차분한 얼굴로 담담하게 물었다.

"혹 가고 싶은 곳이 있으십니까?"

애장왕은 잠시 허공을 바라보다가 조용히 대답했다.

"오대산에 가 보고 싶습니다."

오대산이라는 말에 김언승의 눈매가 가늘어졌다. 오대산.

성덕대왕이 봉우리마다 암자를 세웠다는 성스러운 산이자 왕실의 고승들이 머물다 간 그곳은 힘없는 어린 왕이 반역을 도모할 장소로는 영 어울리지 않았다.

"숙부, 실은 요즘 매일 같은 꿈을 꿉니다."

애장왕이 재차 꿈 이야기를 꺼내자 김언승의 얼굴에 불쾌한 기색이 어렸다. 그의 이러한 태도는 신하가 왕을 대하는 모습이라 볼 수 없을 정도로 무례했다. 하지만 애장왕은 개의치 않고 말을 이어 갔다.

"왕실의 복색을 한 스님이 나타나 환하게 웃으면서 제게 어서 오라고 손짓하십니다. 그동안 꿈에서는 제가 누구신지 물어봐도 아무 말씀도 없으셨는데 어젯밤 꿈에 비로소 그분께서 말씀하셨습니다. '나는 성덕왕의 아들 보천태자이다. 그대가 오대산에 와시 문수보살께 공양을 올리는 모습을 보고 싶어 그대의 꿈에 나타난 것이다'라고 하셨습니다. 그 음성과 모습이 하도 생생하여 바쁘신 숙부를 붙들고 이렇게 오대산에 가기를 청합니다. 태어나서 한 번도 금성 밖으로 나가 본 적이 없는 조카의 마지막 소원이라고 생각해 주십시오."

애장왕이 눈물이 고인 얼굴로 고개를 깊이 숙이며 거듭 청했다.

'보천태자라…'

김언승은 눈을 지그시 감고 계산을 마쳤다. 보천태자는 태자의 자리를 버리고 오대산으로 들어가 평생 수행했다는 전설적인 인물이었다. 그가 진정 애장왕의 꿈에 나타났단 말인가. 반란을 앞둔 이 시기에 굳이 궁궐을 비운다는 것이 의심스럽긴 했으나 오대산 참배를 하겠다는 것이라면 막을 명분이 약했다. 애장왕이 금성을 떠나 뭔가를 도모하려 하더라도 틈을 주지 않으면 그뿐이었다. 계획대로 된다면 애장왕이 참배를 마치고 궁궐로 돌아왔을 때, 그가 설 자리는 이미 없을 것이었다.

"오대산이 아무리 좋아도 달포를 넘기지는 마셔야 합니다. 하지가 지나고 비가 내리지 않으면 백성들이 불안해합니다. 그날 비가 내려서 풍년제를 올리든, 비가 내리지 않아서 기우제를 올리든, 전하께서 계셔야 백성들이 안심할 것입니다."

"모심기가 끝나기 전까지는 꼭 돌아오겠습니다."

애장왕의 얼굴이 환해졌다. 환하게 웃는 애장왕을 보면서 김언승도 미소를 지었다. 어차피 조만간 세상을 떠나게 될 애장왕의 마지막 소원을 들어주는 거라고 생각하자, 반란에 대한 일말의 거리낌조차 사라졌다.

다음 날, 새벽안개가 자욱한 이른 시각에 애장왕은 소수의 병력과 함께 금성을 떠났다. 무거운 왕관을 벗고 간편한 행차복을 입은 애장왕은 세상 구경에 나선 부유한 집안의 도련님처럼 들떠 보였다. 말 위에서 궁궐을 돌아보며 애장왕은 줄곧 마음에 품었던 질문을 떠올렸다.

'이대로 떠나서 돌아오지 않는다면 벗어날 수 있을까? 끝을

알면서도… 돌아와야 하는가?'

애장왕의 호위 중에는 명주 군왕 김주원의 손자, 김범문도 있었다. 늦은 밤, 갑자기 김언승의 명으로 호위에 합류한 김범문의 얼굴에는 불만과 의심이 가득했다. 언제라도 반란을 도모할 준비를 마친 김언승이 왕의 오대산 유람을 허락한 것은 분명 이유가 있을 것이었다. 지난 몇 년 동안 어린 왕을 겁박하며 권력을 장악한 김언승이 드디어 칼을 뽑을 것인가.

김범문이 생각에 잠긴 것과 달리 서라벌을 벗어나 성 밖으로 나오자, 애장왕의 마음은 오히려 가벼워졌다. 말발굽이 힘차게 땅을 내딛는 소리조차 상쾌하게 느껴졌다. 성벽이 보이지 않는 곳에 이르렀을 때, 애장왕은 더 이상 뒤돌아보지 않았다. 돌아본다고 무엇 하나 달라질 수 없는 것이 현실이라면 마음을 달리 먹기로 했다. 마음의 주인은 오직 자신뿐이니 누구의 눈치도 볼 필요가 없었다. 그렇게 생각하자 마치 무거운 돌덩이를 내려놓은 것처럼 홀가분했다.

한참을 달리던 애장왕이 김범문에게 다가가 먼저 말을 걸었다.

"숙부가 말하길, 그대의 할아버지가 명주 군왕 김주원 공이라고 하더군요."

"돌아가신 원성왕께서 베풀어 주신 은덕일 뿐, 조부께서 스스로 군왕이라 칭한 적은 없었습니다."

"오해하지 마십시오. 짐은 김주원 공을 진심으로 존경합니다. 왕위를 눈앞에 두고 돌아설 수 있는 마음과 다툼에서 물러나는 용기는 지금 짐에게 가장 필요한 것이지요. 가장 없는 것이기도 합니다.”

애장왕은 산들바람처럼 청량하게 말했으나 속은 그렇지 않았다. 벽마다, 문마다 감시의 눈이 붙어 있던 궁궐에서 그는 점점 움츠러들었다. 하나를 결정하면 열 개의 반박이 쏟아졌고, 원하는 것이 있어도 말할 수 없었다. 진정으로 아끼는 것은 들키지 않도록 꼭꼭 감춰야 했다. 그렇게 해서 지켜낸 왕의 자리가 과연 무슨 의미가 있을까. 아무것도 결정할 수 없는 나는 과연 왕이긴 한 것일까.

“전하께서 그리 말씀해 주시니 돌아가신 할아버지께서도 좋아하실 것입니다. 그런데 전하께서는 왜 그리도 오대산을 가고자 하십니까?”

김범문의 질문에 애장왕의 표정이 밝아졌다.

“짐은 보천태자가 부럽습니다. 태자의 자리를 버리고 산으로 들어간 그 결단력이 부럽고, 오대산에서 고사리를 뜯으며 살았을지언정 문수보살님에게 맑은 차를 올리며 기도하고 원하는 삶을 살았던 것이 부럽습니다. 짐은 왕위에 오른 후 구걸하듯 애원한 적도 많고 누구라도 내 말을 들어주길 간절히 바란 적도 많으나 한 번도 온전하게 기도해 본 적이 없습니다. 반면 보천태자는 오대산에서 자기 자신을 위해 기도하고, 결국 원을 이루었지요.”

안개가 걷히고 산으로 접어들면서 바람이 시원해졌다. 애장왕은 김범문을 보며 싱긋 웃더니 농담처럼 가볍게 말했다.

"바란다고 버릴 수 있는 자리였다면, 짐은 진작 왕위를 버렸을 것입니다."

"……"

김범문은 더 묻지 않은 채 묵묵히 애장왕의 옆을 지켰다. 산길이 가팔라지면서 점점 숨이 가빠지고 얼굴도 붉어졌으나 애장왕은 걸음을 늦추지 않았다.

대관령에 이르자 날씨는 예측할 수 없이 변했다. 바람은 세지고, 안개가 자욱하게 내려앉았다. 방금까지 땀을 닦으며 손으로 얼굴에 부채질하던 장정들은 바람이 불 때마다 추위에 몸을 덜덜 떨었다. 이윽고 정상에 도착하자 언제 안개가 있었냐는 듯 햇빛이 환하게 비쳤다. 애장왕은 잠시 말에서 내려와 숨을 골랐다. 굽이굽이 이어지는 산줄기 너머로 어렴풋이 봉우리가 겹겹이 이어져 있는 모습이 보였다.

'저곳이로구나.'

애장왕의 눈이 반짝거렸다. 왕위에 오른 이후 처음으로, 오롯이 자신의 선택과 결정으로 오게 된 길이었다. 오대산에 도착하면 보천태자가 그랬던 것처럼 나만의 기도를 하리라. 왕이 아닌 한 사람으로서, 김청명의 이름으로 아버지 소성왕에게도 끝내 말하지 못했던, 마음 깊은 곳에 묻어둔 소원을 문수보살님께 모두 꺼내어 보이리라.

“산길이 험준합니다.”

생각에 잠겨있는 애장왕에게 김범문이 조용히 말했다.

“궁궐도 늘 험준했습니다.”

“… 오대산에 오르면 어디로 가실지 생각해 두신 곳이 있으십니까?”

“대국통(자장 율사)께서 지냈다는 초막에 가보고 싶어요. 또 부처님의 진신사리를 모신 불단에도 참배를 올리고 싶습니다. 보천태자가 머물렀다는 북대 백련암도 가고 싶고… 다섯 봉우리를 모두 볼 수 있다면 더할 나위가 없겠습니다.”

애장왕의 활기찬 모습에 김범문은 자신도 모르게 웃었다.

“신이 길을 조금 아니 모시겠습니다.”

“그대만 믿겠습니다.”

애장왕은 활짝 웃으며 힘차게 말 위에 올랐다. 오대산이 그를 부르고 있었다.

해가 떨어질 무렵, 날이 어두워지자 산의 공기가 달라졌다. 서둘러 민가를 찾아 내려온 일행은 일선에서 하룻밤을 보냈다. 다음 날, 어렴풋이 날이 밝자마자 길을 재촉해 오대산으로 향했다. 일찍부터 서두르고 길을 잘 찾은 덕분에 해가 중천에 있을 때 초막에 도착할 수 있었다. 허리춤까지 자란 풀을 대충 베어내자 마침내 초막의 지붕이 보였다. 다행히 산짐승의 흔적은 없었다.

‘이곳이 자장 율사께서 머물던 곳이로구나.’

애장왕은 아무 말 없이 한참을 초막 앞에 서 있었다. 초막에 들어서기 전, 애장왕은 마음속으로 자장 율사를 떠올리며 예를 올렸다. 초막에 들어간 순간부터 애장왕은 말이 없어졌다. 두 눈을 감은 채 반듯하게 앉은 모습이 아름답고 애잔했다. 아무래도 산중에서 밤을 보내게 될 것 같아 김범문은 서둘러 불을 피웠다. 불보살님들이 머무는 신령한 산이라도 밤중에 산짐승을 만나 해를 입기라도 하면 큰일이었다. 이윽고 초막 밖으로 나온 애장왕이 김범문에게 물었다.

"참으로 신기합니다. 금성에 황룡사를 건립하신 자장 율사께서 왜 이곳에서는 초막에 머물렀는지 혹시 아시오?"

"…"

"대국통께서는 문수보살을 만나고자 이곳에서 기도하셨다고 하지요. 비록 낡은 초옥이긴 하나 참으로 성스러운 곳입니다. 이곳에서 간절한 마음으로 기도하면 부처님과 문수보살님과 대국통께서 들어주시지 않을까 싶은 생각이 드네요."

"오대산의 불보살님께서 전하께서 바라는 바를 꼭 이루어 주실 것입니다."

"정말 그랬으면 좋겠습니다. 기도하기 전, 보천태자의 정성을 흉내라도 낼까 싶어요."

"신이 무엇을 도와드려야 하는지 하명해 주시옵소서."

"샘물을 달여 차를 올리고자 합니다. 준비해 줄 수 있나요?"

"오대산의 샘물은 천하제일입니다. 반드시 소원을 성취하실 것입니다."

"하하하, 그랬으면 좋겠네요."

해가 막 떠오를 무렵, 애장왕과 김범문은 샘에 가서 깨끗한 물을 길어 왔다. 북대 백련암과 중대 진여원을 거쳐 남대, 동대, 서대를 모두 참배하면서 애장왕은 매일 첫 새벽, 첫 햇살을 받은 샘물로 차를 끓여 공양을 올렸다. 길이 낯설고 불 피우는 법을 몰라 김범문의 도움을 받았으나 샘물을 긷고, 주전자에 끓여, 차를 우리는 것은 모두 직접 했다. 조촐한 상 위에 차를 올린 애장왕은 허공을 향해 두 손을 모으고 지극한 마음으로 기도했다. 왕의 공양이라기에는 소박했으나 진실한 모습이 오히려 현실이 아닌 것처럼 성스럽게 느껴졌다.

이레에 걸쳐 초막과 부처님의 진신사리를 모신 불단 그리고 다섯 봉우리의 참배를 모두 마친 애장왕은 마침내 오대산을 내려왔다. 마을 입구에 이르렀을 때, 김범문이 애장왕에게 말했다.

"참배를 무탈하게 마치신 것은 실로 불보살님의 가피입니다. 소원을 이루실 것입니다."

"그대가 있어 참으로 든든합니다. 초막에서는 어렴풋이 느꼈는데 참배를 마치고 나니 확신이 들어요. 초막도, 암자도 그저 오대산이라는 가람에 있는 하나의 전각이요, 오대산이 곧 불보살님의 품처럼 느껴집니다."

"기도를 잘하셨나 봅니다."

“처음에는 참배만 하려고 했는데 저절로 신심이 솟구쳐 기도하고, 결국엔 나도 모르게 발원했습니다. 늘 두려움 속에 살았는데 오대산에 들어오는 순간 두려움이 사라지고 오히려 소원을 이루고 싶다는 바람, 소원을 이룰 수 있다는 마음이 나무처럼 쑥쑥 자라네요. 무언가를 하고 싶다는 생각이 든 것이 얼마 만인지 모르겠습니다.”

“감히 여쭙지 못하는 것을 용서하십시오.”

“기도하던 중 마치 꿈처럼 눈앞에 어떤 광경이 선명하게 펼쳐졌어요. 하얀 학이 나타나서 자꾸 등에 업히라는 시늉을 하기에 내가 등에 올라타자, 학은 기뻐하며 날개를 크게 펼치고 하늘로 훨훨 날아올랐어요. 하늘 위에서 내려다보는데 어디선가 환하게 빛이 뿜어져 나오길래 내려가서 살펴보니 잘생긴 갓난 사내아이가 바위 위에 누워 있었어요. 그런데 아기의 머리카락이 마치 부처님처럼 돌돌 말려 있어서 넋을 잃고 바라보다가 정신을 차려보니 내 몸은 그대로 초막 안에 있더군요. 찰나의 순간이었으나 엄청난 경험을 실제로 한 것 같았습니다. 그대 생각에 이게 어떤 뜻인 것 같나요?”

신나는 표정으로 이야기하는 애장왕을 바라보던 김범문이 갑작스러운 질문에 할 말을 잃었다. 잠시 침묵이 흐른 뒤, 김범문은 고개를 숙이며 대답했다.

“신의 식견이 부족한 것을 용서하십시오.”

“아닙니다. 오대산에 오른 순간부터 하나의 바람만이 계속 생각났어요. 한 번도 생각해 본 적 없는 바람이었지요. 나는 오대산의 불보살님과 보천태자와 대국통께 자식을 얻고 싶다고 기도했습니다.”

“…”

“오대산의 정기를 받은 자식을 얻게 된다면 왕실이 아닌 오대산과 부처님께 바치겠다고 발원했어요. 왕위를 물려줄 자식이 아니라고 생각하자 모든 것이 편안해지더니 오히려 더 큰 세상이 보이더군요.”

“…전하!”

애장왕은 손을 들어 김범문의 말을 막았다. 마음이 원하는 것을 말로 하는 것은 처음이었다. ‘아니 된다’라고 말하는 사람이 아무도 없는 이곳에서, 하고 싶은 말을 다 토해내고 싶었다.

“만약 서라벌에 돌아가기 전, 인연이 닿아 자식이 생긴다면… 부처님께 바칠 것입니다. 아마도 이것이 짐이 오대산에 온 이유겠지요. 기도하면서 짐이 해야 할 일이 무엇인지, 짐의 사명이 무엇인지 분명히 알았습니다. 아마… 소원을 이룬다해도, 짐은 그것을 보지 못하겠지요. 아마도 머지않아 짐은 이 세상에 없을 테니….”

애장왕의 마지막 말은 거의 들리지 않았다. 하지만 김범문은 애장왕의 표정만으로도 그가 무슨 생각을 하는지 알 수 있었다. 왕실에 대한 미움만 가득했던 김범문의 마음 한켠에서 갑자기 애틋한 연민이 솟구쳤다. 그는 자신도 모르게 애장왕을 향해 말했다.

"전하께서 소원을 이루실 수 있도록… 신이 최선을 다하겠습니다."

"고맙소."

애장왕은 오대산에서 이레 동안 머물렀고 보천태자와 자장율사의 자취가 담긴 곳곳을 참배하며 간절하게 기도했다. 마침내 기도를 마치고 오대산에서 내려온 애장왕은 명주 도독 김술원의 집으로 향했다. 야트막한 학산을 지나며 인가가 보이는 곳에 이르렀을 때 문득 갈증을 느낀 애장왕은 우물을 보고 말에서 내렸다. 급한 대로 손으로 떠서 물을 마시려던 애장왕 눈앞에 바가지를 든 섬섬옥수가 나타났다. 누군가 싶어서 보니 미색이 고운 처녀가 얌전하게 서 있었다. 애장왕은 처녀가 건넨 바가지로 물을 떠서 마신 뒤 바가지를 돌려주며 말했다.

"고맙소."

"저도 물 한 바가지만 떠 주시겠습니까?"

처녀의 당돌함에 놀란 김범문이 나서려는데, 애장왕은 아무렇지 않게 물을 떠서 처녀에게 건네주며 말했다.

"마음을 담아 정성껏 떴으니, 맛이 좋을 것이오."

애장왕과 처녀의 시선이 허공에서 부딪혔다. 처녀의 얼굴이 붉어졌다. 수줍은 얼굴로 물을 마신 처녀가 말했다.

"오대산 다섯 봉우리와 부처님의 진신사리를 모신 보궁의 맑은 샘물은 모두 금강연에서 만난답니다. 오대산의 맑은 물은 금강연에서 솟아오른 물과 합쳐져 석천으로 흐르지요. 석천의 물은 오대산의 정기를 듬뿍 담고 있어 맛이 으뜸입니다. 오늘은 떠준 이의 마음이 담겨 더 달고 시원하네요."

"그러면 내게도 물을 떠 주시오. 떠준 이의 마음이 담긴 물은 어떤 맛인지 궁금하오."

처녀가 바가지에 물을 떠서 애장왕에게 건넸다. 물을 마신 뒤 바가지를 건네주는 손과 손끝이 닿자, 처녀의 얼굴이 불그스름하게 물들었다. 바가지를 사이에 두고 애장왕과 처녀의 시선이 얽혔다. 그 모습을 본 김범문이 속으로 무릎을 쳤다.

'오대산의 불보살님께서 진정 전하의 소원을 이루어 주시는가.'

애장왕이 우물가를 떠나 말에 오르자 처녀는 연모를 듬뿍 담은 눈으로 애장왕이 떠나는 것을 바라보았다. 그때 김범문이 처녀에게 말했다.

"손이 곱고, 입성도 남다른 것을 보니 괜찮은 집안의 여식이겠구나. 어느 집안의 여식이냐?"

"소녀는 문가이옵니다."

"문씨 가문의 여식이로구나. 나이가 몇이냐?"

"열아홉이옵니다."

"저분이 누구신지 아느냐?"

"귀한 분이라고만 느꼈습니다."

"너는 물 한 모금도 함부로 드시면 안 되는 분에게 수작을 걸었다. 그리고 저분이 손수 떠 준 물을 마셨다. 그게 무슨 의미인지 아느냐?"

"…."

"저분은 오늘부터 사흘 동안 명주 도독의 별원에서 지내실 것이다. 저분을 다시 뵙고 싶다면 오늘 밤 별원으로 은밀히 오거라."

고개를 끄덕이며 돌아서는 처녀의 귀가 붉게 물들었다. 애장왕은 김술원의 별원에서 사흘을 머물렀다. 처녀는 사흘 동안 매일 아침 석천에서 물을 길어서 별원을 방문했다. 처녀를 의심하는 사람은 없었다. 사흘 후, 애장왕 일행은 명주를 떠났다. 떠나기 전, 애장왕이 처녀에게 당부했다.

"아무것도 묻지 않아 고맙소. 아무것도 해 줄 수 있는 게 없어 미안하오."

"이리도 애틋한 분의 이름조차 알지 못하니 서럽습니다."

"그대에게 무슨 일이 생기면 명주의 김씨 가문에서 보살펴 줄 것이오. 이게 내가 해 줄 수 있는 전부라 미안하오."

"정녕 다시 볼 수는 없는 것입니까?"

"만약 아들이 태어나거든… 절대로 금성으로 보내지 마시오. 아이가 출가를 원하면 뜻대로 해 주시오. 출가한 후에는 어디로 가더라도 괜찮소.”

“아이가 태어나면 한 번이라도… 먼발치에서라도 아이를 보여 드릴 수 있을까요?”

“… 미안하오. 부디… 부디 잘 지내시오.”

“만수무강하시옵소서.”

얼굴이 온통 눈물로 얼룩진 처녀를 보면서 애장왕은 눈을 질끈 감았다. 자신의 만수무강을 바라는 사람이 있다는 것에 목이 멨다.

“이제 가야 하오.”

오대산에서 멀어질수록 애장왕의 마음은 발원의 기도로 채워졌다. 금성에 도착할 때까지 애장왕은 기도하고 또 기도했다. 오대산의 정기를 받은 아이가 태어나기를, 오대산의 청정한 품에서 건강하게 자라기를, 오대산의 맑은 물을 마시며 지혜롭기를, 하늘이 정한 명을 다 채우고 원하는 바람을 모두 이루기를 기도하며 발원했다. 궁에 들어가기 전, 애장왕은 들판 곳곳에서 거둔 보리를 털고, 물을 대어 모내기를 준비하는 백성들을 눈에 담았다. 이윽고 애장왕은 김범문과 인사를 나누었다.

“그대가 고생이 많았소.”

“아니옵니다. 신은 전하를 모실 수 있어서 기뻤습니다.”

“그대를 보는 것도 마지막이 될 것 같소. 오대산을 참배하며 기도한 나의 발원을 아는 사람은 그대뿐이오. 참으로 고마웠소.”

“신이 영광이었습니다.”

애장왕이 돌아온 후 보름이 지난 809년 7월, 정변이 일어났다. 김언승은 이미 궁궐에 들어와 있던 조카 김제륭과 함께 군사를 일으켜 순식간에 조정을 장악하고 애장왕(김청명)과 그의 동생 김체명을 살해하고 왕위에 올랐다. 그가 신라 제41대 헌덕왕이다. 스물두 살의 젊은 나이로 세상을 떠난 애장왕은 왕비와 후궁 사이에서 자식이 없었다. 오대산의 정기를 받은 여인이 애장왕의 유일한 아들을 잉태했다는 것을 아는 사람은 아무도 없었다.

오대산의 정기를 품고 태어난 김품일

이른 새벽, 잠에서 깬 김술원은 간밤의 꿈을 떠올렸다. 밤새 꿈자리가 예사롭지 않았다. 꿈인지 현실인지 알 수 없는 모호한 광경들이 눈앞에서 끊임없이 지나갔다. 그러던 중 작년 초여름, 병약함 속에서도 고귀함을 감출 수 없던 한 남자가 별원에서 지냈던 기억이 떠올랐다.

당시 김술원은 그 남자가 누구였는지 크게 연연하지 않았다. 초대 명주 군왕 김주원의 손자인 김범문의 부탁으로 별원을 내어주었을 뿐이었다. 김범문 또한 김술원에게 며칠 신세를 지는 것이 전부이니 누구인지, 무슨 일인지 묻지 말아 달라고 부탁했다. 남자는 별원에 머무는 사흘 동안 밖에 잘 나오지 않았고 김범문은 별원을 굳게 지켰다. 젊은 여자 한 명이 시중 들러 오가는 것 같았으나 크게 신경 쓸 만한 일은 없었다.

사흘 후 남자와 김범문이 떠났고 김술원은 그 일을 완전히 잊고 있었다. 은밀하게 알아보니 남자의 시중을 든 여인은 명주 호족 문공의 딸이라고 했다. 신분이 낮지 않은 여인이 굳이 시중들기를 자처한 이유는 아마도 명주 군왕 가문과 인연을 맺기 위함이리라 짐작할 수 있었다. 그런데 1년이 지난 지금, 왜 갑자기 그때 생각이 자꾸 나는 것일까. 파리한 안색의 남자는 과연 누구였을까. 그 답을 알면 이 두근거림이 잦아들 것인가. 김술원은 떨리는 가슴을 애써 진정시키며 오대산으로 달려갔다.

오대산에 들어서자 맑은 기운이 그를 감쌌다. 마침내 부처님의 진신사리를 모신 불단 앞에 선 김술원은 간절한 마음으로 절을 하면서 답을 구했다. 얼마나 정신없이 절을 했을까. 어느새 떠오른 해가 김술원의 초조한 얼굴을 환하게 비췄다. 흐르는 땀을 닦으며 해를 바라본 순간, 김술원은 자신을 안달복달하게 한 원인을 알아차렸다. 자장 율사가 말했던, 오대산에 가람을 일굴 그 아이가 곧 태어날 조짐이었던 것이다.

환희로 물든 김술원의 얼굴이 잠시 멍해졌다. 별원에 묵었던 창백한 그 남자가 바로 자장 율사가 말했던 용의 기운을 가진, 오래 살지 못할 것이라던 신라의 왕이었음을 그제야 알아차렸다. 어떻게 눈앞에서 왕을 보고도 모를 수가 있었단 말인가! 아무리 호위가 단출하고 얼굴을 드러내지 않은 미복 차림이었다고 하나 왕을 몰라보다니 귀신에 홀린 것 같았다. 그동안 의문으로 남았던 많은 일들이 손바닥을 보는 것처럼 환하게 보이기 시작했다.

'문공의 여식이 용의 아들을 잉태하였고, 아비 없이 아들을 낳았구나! 아니, 머지않아 오대산을 불국토로 일궈낼 용의 아들이 태어났다! 자장 율사께 약속한 것처럼 그 아이를 보호하는 것이 내 일생일대의 소명이요, 내가 이루어야 할 불사(佛事)로구나.'

생각을 마친 김술원은 불단 앞에서 엎드려 있던 몸을 일으켰다. 부처님의 진신이 머물며 불법의 정수가 흐르는 이곳에서 마침내 답을 찾았으니 감사한 마음이 요동을 쳤다. 오대산의 영험함과 신령함은 중생이 차마 보지 못하는 것을 지혜의 눈으로 볼 수 있게 하는 힘이 있었다. 초조했던 마음의 원인을 찾은 김술원은 서둘러 오대산을 내려왔다. 홀몸으로 아들을 낳은 딸 때문에 가슴앓이하고 있을, 어쩌면 분노를 터트리고 있을 문공의 집에 혼수를 가지고 찾아가려면 한시가 급했다.

810년, 명주의 명문 호족 문씨 집안의 여식이 아비 없는 아들을 낳았다. 아이는 건강하게 태어났으니 그 모습은 자못 평범하지 않았다. 머리카락은 소라처럼 말려 올라갔고, 정수리는 진주처럼 둥글게 올라온 기이한 얼굴이었다. 아비가 누구인지 모르는 아이의 탄생을 기뻐한 사람은 없었다. 처녀의 아버지는 딸을 추궁했으나 아무 대답도 들을 수 없었다. 딸을 모시는 몸종과 하인들을 닦달해도 '모른다'라는 말만 되풀이할 뿐이었다.

도대체 누가 감히 명주 땅에서 내 딸을 욕보였단 말인가. 누군지 알기만 하면 당장이라도 물고를 내어 집안을 풍비박산할 것이었다. 반대로 마음에 든다면 데릴사위로 들이면 될 일이었다. 하지만 딸의 굳게 닫힌 입은 끝내 열리지 않았다. 분노한 처녀의 아버지는 아기를 빼앗은 뒤 포대기에 싸서 몰래 바위 밑에 버렸다. 그날 밤, 처녀의 아버지는 이상한 꿈을 꾸었다.

한 탑묘 앞에 향기 어린 구름이 서려 있는데 깃털이 온통 하얀 학이 훌쩍 날아와 누대 위에서 지저귀는 것이 아닌가. 학이 날아온 방향을 보니 서라벌이 있는 남쪽이었다. 바위 위로 사뿐하게 내려온 학은 그가 버린 갓난아기를 두 날개로 감싸안고 보호하며 부리에 있던 붉은 열매를 아이의 입에 넣어주었다. 머리카락이 소라처럼 말려 들어간 갓난아기는 학을 보고도 무서워하기는커녕 환하게 웃었다.

아기의 눈과 웃음소리가 너무 맑아서 처녀의 아버지는 차마 계속 볼 수가 없어 고개를 돌렸다. 정신을 차려보니 이미 그는 바위를 향해 달려가고 있었다. 행여 아기가 짐승들에게 해를 입은 것은 아닐까 생각하니 등에서 식은땀이 흘렀다. 하지만 아무리 달려가고 달려가도 안개가 그득하여 길을 잃은 것처럼 바위를 찾을 수가 없었다. 처녀의 아버지는 주먹으로 가슴을 치며 통탄했다. 그 순간, 저 멀리서 환한 빛이 하늘에서 내려오는 것이 아닌가. 그는 자신도 모르게 빛을 향해 걸었다. 빛은 한 우물을 비추고 있었는데, 한눈에 보아도 자태가 고운 처녀가 우물에서 물을 떠 마시고 있었다. 빛을 담은 물을 마시다니, 참으로 신기한 일이라고 생각한 순간 처녀가 고개를 들었다. 물을 마신 처녀의 얼굴은 그의 딸과 똑같았다. 화들짝 놀란 순간, 처녀의 아버지는 헉 소리를 내며 잠에서 깨어났다.

꿈속의 꿈이었다. 비록 딸이 아비 없는 자식을 낳았으나 태어난 손자가 매우 비범한 인물임을 느낀 그는 날이 밝자마자 아기를 버린 곳으로 달려갔다. 밤새 홀로 바위 아래에 있었으나 다행히 아기는 무탈하였다. 짐승들도 아이에게 해를 끼친 흔적조차 없었으니 놀라운 일이었다. 실로 하늘의 명운을 타고난 아이가 분명했다. 그때 한눈에 보기에도 신분이 높고 고상한 풍모를 지닌 노인이 문공의 집을 찾아왔다. 수레 가득 쌀과 베를 싣고 온 노인이 문공을 보자 정중하게 인사를 하며 말했다.

"나는 명주 도독을 지낸 김술원이오."

"아이고, 귀하신 분이 어찌 이곳까지 걸음을 하셨습니까?"

"그대에게 묻고 싶은 것이 있어서 직접 왔습니다. 하고 싶은 이야기도 있고…."

"안으로 드시지요."

명주 도독이라는 말에 잠시 얼이 빠졌던 문공은 김술원을 얼른 안으로 모셨다. 김술원은 가져온 쌀가마니와 미역, 고기와 옷감 등을 마당에 내려놓게 했다. 마당에 쌀가마니가 쌓이자, 연유를 모르는 문공은 안절부절 어쩔 줄을 몰랐다.

"아니, 왜, 이런…."

"괜찮소. 받아도 되는 물건입니다. 아니, 마땅히 드려야 하는 것이니 편히 받으시지요."

"그래도 무슨 연유이신지요?"

"단도직입적으로 묻겠습니다. 혹시 어젯밤 이 댁에서 아이가 태어났습니까?"

"예, 아니 그걸 어떻게… 그리 단단히 입단속을 시켰는데… 실은 제 딸아이가 며칠 전, 아이를 낳았습니다. 혼인도 하지 않은 몸이라… 부끄럽습니다."

"그대의 잘못이 아닙니다."

"저보다 딸아이가 걱정입니다. 지금이야 비빌 진정이라도 있지만, 내가 가고 나면 아비 없는 아들을 어찌 키울지… 아이고, 제가 집안일을 너무 떠들었습니다."

"혹… 아이를 좀 볼 수 있을까요?"

문공은 손사래를 치면서도 혹시나 하는 마음에 딸과 손자가 있는 방으로 김술원을 안내했다. 김술원이 방문을 사이에 두고 마당에 서서 처녀에게 말했다.

"진작 문공을 찾아뵙고 너를 찾아왔어야 했는데, 미안하구나. 혼자 고생이 많았다. 이제 내가 알았으니, 너와 네 아이가 서러울 일은 없을 것이다. 아무 걱정하지 말거라."

“송구합니다.”

“아들이 죽고 열 달이 넘도록 아무 소식이 없어 잠시 잊었었다. 아들을 잃은 슬픔이 너무 커서 너를 만났던 것도 잊었다. 일찍 죽은 내 아들도, 나도 무척 원망스러웠을 텐데… 참으로 고맙고 미안하구나.”

“아닙니다.”

김술원의 말을 들으며 처녀는 별원에서 자신을 안았던 청년이 이 세상에 없다는 것을 알았다. 처녀와 부부의 연을 맺은 청년은 금성에서 왔고, 금성으로 떠났다. 그는 김술원의 아들이 아니었다. 하지만 김술원은 지금 아이가 그의 혈육이라고 말하고 있는 것이었다. 만약 무슨 일이 생기면 명주 김씨 가문에서 그녀를 도울 것이라 말했던 청년의 말은 사실이었다. 청년과 헤어지던 순간이 떠오르자 갑자기 왈칵 눈물이 쏟아졌다. 서러웠던 마음이 봇물처럼 눈물로 터져 나왔다. 숨죽여 흐느끼는 소리가 방문 밖으로 흘러나왔다. 김술원은 고개를 숙인 채 처녀를 달래듯 말했다.

“진작 만나러 왔어야 했는데 늦어서 미안하구나.”

“이게 다 무슨 말씀이신지….”

딸과 김술원의 대화를 지켜보던 문공이 더 이상 참지 못하고 물었다. 김술원은 한숨을 크게 내쉰 뒤 낮은 목소리로 말했다.

“실은 따님이 낳은 아이는 내 손자요. 몇 달 전 아들을 갑자기 잃는 바람에 내가 정신이 없어 미리 알리지 못했습니다. 아들이 눈을 감기 전, 나에게 말해 주었지요. 문씨 가문의 딸이 자신의 정인이라고. 혼인을 약속했는데 정인만 두고 가게 되었으니 잘 챙겨주라고요.”

“네? 그럼 제 딸이….”

“따님은 이제 우리 집안 사람이나 다름없습니다. 손자도 우리 가문에서 키울 겁니다.”

“아이의 아버지가 누구인지 아무리 물어도 딸아이가 입을 굳게 다물어서 실로 걱정이 컸습니다. 진작 알았다면 속을 끓이지 않았을 것입니다.”

“지금이라도 알았으니 다행 아니겠습니까.”

“그렇습니다. 참으로 귀한 손자를 얻었으니 귀하게 키우겠습니다.”

“손자가 보고 싶긴 하지만 천천히 하도록 하지요. 남편도 없는 우리 집에서 지내는 것보다 친정이 편할 테지요. 그래도 모자가 지낼 거처는 준비해 놓겠습니다. 어디서 머물든 괜찮으니 부족한 점이 있다면 언제든 이야기하세요.”

문공의 얼굴이 점점 밝아졌다. 명주 도독을 지낸 김술원과 사돈이라니, 애물단지로 생각했던 딸이 실은 복덩어리요, 손자는 보물단지였다. 문공은 그날부터 아기를 귀한 손자로 받아들였고 애지중지 키웠다. 꿈에서 본 태양이 머릿속을 계속 맴돌았기에 아이의 이름은 ‘품일(品日)’이라 하였고, 성은 김씨로 하였다.

오대산의 정기를 듬뿍 받고 태어난, 부처님을 닮은 비범한 생김새를 지닌 이 아기가 바로 통일신라와 고려를 대표하는 고승들을 배출한 사굴산문의 개조 범일 국사이다.

오대산을 참배하고 출가를 결심하다

　문공을 외할아버지로, 명주 도독을 지낸 김술원을 친할아버지로 둔 김품일은 부족함 없이 자랐다. 어린 시절, 비록 아버지가 없다는 놀림을 받기도 했으나 어머니가 계신 외가는 든든한 호속 가문이었고 친가인 김술원의 가문 또한 녕주의 명문가였던 덕분이었다. 하지만 아버지에 대한 의문은 늘 가슴 깊은 곳에 남았다. 어머니에게 물어보아도, 두 할아버지에게 여쭤봐도 명쾌한 답을 들을 수 없었다.

　어느 날 김품일이 아버지에 대해서 묻자, 어머니는 이렇게 말했다.

　"네가 태어나기 전, 어미는 오대산에서 내려온 석천의 맑은 물을 마셨다. 물 위로 둥근 해가 환하게 떠오르는 것을 보고 해를 품은 물을 떠서 마셨다. 네 아버지도 석천에서 처음 만났고, 그 물을 서로 나눠 마신 덕분에 네가 태어났단다. 네가 뱃

속에 있을 때도 날마다 오대산의 샘물이 모여서 흘러온 석천의 물을 마셨단다."

그날 이후 오대산과 석천의 맑은 물은 그 자체가 아버지를 떠올리게 하는 막연한 그리움이 되었다. 또 어느 날인가 술에 취한 외할아버지 문공이 김품일을 앞혀 놓고 꿈 이야기를 자세하게 들려주기도 했다.

"품일아, 네가 태어나고 나서 할아비가 꿈을 꾸었단다. 하늘에서 새하얀 빛이 내려오는데 그 빛이 얼마나 밝은지 오대산을 다 밝힐 정도였다. 그러더니 남쪽 하늘에서 하얀 학이 나타나 커다란 날개를 펼치는데 어찌나 신기하던지 마치 산신령이 보낸 것 같았다. 그 하얀 학이 앉았던 바위가 있는 산을 할아비는 학산(鶴山)이라고 부른단다. 이게 다 네가 하늘이 점지한 인물이라는 뜻이 아니겠니."

김품일은 어머니와 할아버지가 들려주는 이야기가 마냥 좋았다. 하지만 언제부터인지 이야기만으로 채워지지 않는 갈증이 생기기 시작했다. 아버지에 대해 물어볼 때마다 어머니도, 할아버지들도 모두 자신의 이야기만 들려줄 뿐 명확한 답을 주는 사람이 없었다. 그 어떤 상서로운 꿈도 아버지에 대한 답이 되지는 않았다. 아이에서 소년으로 성장한 김품일은 사명에 대한 설렘보다 출생에 대한 의문이 더욱 커졌다.

아버지를 떠올릴 수 있는 물건도, 아버지에 대한 한 가닥의 추억조차 없다는 것이 김품일을 괴롭혔다. 아버지를 향한 풀리지 않는 그리움이 응어리가 되어 가슴이 답답할 때면 김품일은 오대산을 찾았다. 오대산에 가면 산이 자신을 품어 주는 것 같았고, 오대산의 물을 마시면 가슴이 시원해졌다. 어머니가 말하길, 석천의 물은 오대산에서 내려온 것이라고 했다. 김품일은 석천으로 내려오는 그 물길을 따라 오대산을 오르고 오르다가 자장 율사가 머물렀던 초막을 발견했다. 오대산의 맑은 샘물이 하나로 흘러드는 개울가의 풀이 무성하고 평평한 자리에 거짓말처럼 낡은 초막이 있었다.

키보다 높게 자란 풀에 가려져 있던 다 쓰러져 가는 초라한 움집을 발견한 김품일은 그곳이 바로 자장 율사가 풀을 엮어서 지었다는 초막이라는 것을 알았다. 그날부터 김품일은 날마다 초막을 찾았다. 한 번, 두 번 오대산에 오르면서 답답했던 마음이 점차 풀어졌다. 어느 순간부터 아버지에 대한 의문을 풀고 싶어서라기보다는 그냥 오대산이 좋아서 오르는 일이 잦아졌다. 밤이 되면 활개를 치는 산짐승들도 초막 앞에서는 얌전했다. 날이 어둑해지면 초막에 누워 하늘을 보며 달과 별이 움직이는 흐름을 지켜보곤 했다.

조금 더 자라서는 오대산의 다섯 봉우리를 하나씩 찾아다녔다. 김품일은 자신이 날마다 오르내리는 오대산이 바로 아버지 애장왕이 그를 얻고자 기도했던 장소라는 것을 몰랐다. 하지만 누가 가르쳐주지 않았는데도 알 수 없는 이끌림으로 김품일은 오대산의 구석구석을 돌아다니며 애장왕이 기도했던 곳들을 모두 찾아냈다. 오대산이 손바닥 보듯 훤해진 후에는 외할아버지처럼 혹시라도 불보살님이나 자장 율사를 만날 수 있을까 싶은 마음에 부처님의 진신사리를 모신 불단 앞에서 참배하기도 했다. 김술원이 물을 마셨던 중대에서 김품일도 물을 마셨다. 하지만 자장 율사는 김품일 앞에 모습을 드러내지 않았다.

'기도란 무엇인가? 지극한 정성이란 무엇인가? 청정한 마음이란 무엇인가? 어떻게 기도해야 불보살님을 만날 수 있단 말인가?'

아이에서 소년으로 성장하는 동안 오대산의 품 안에서 김품일은 많은 의문을 품고 답을 구했다. 이 모든 질문과 과정이 부처님으로 향하는 길임을 그는 알지 못했다. 그러나 이미 그 길을 걷고 있었다. 어느 날부터인가 김품일은 초막에서 밤을 지새우며 별을 보는 날이 많아졌다. 그는 별을 보며 자신의 존재에 대해 고민했다. 쏟아질 듯 밤하늘을 채운 별을 가만히 보고 있으면 어쩐지 아무도 말해 주지 않는 답을 하늘에서 줄 것 같았다.

826년 가을, 며칠 동안 하늘이 온통 붉은빛으로 자욱했다. 스승은 없었으나 어렸을 때부터 하늘과 별을 보며 그 변화를 예민하게 감지해 온 김품일은 이미 천문을 깨우쳤다. 천문을 읽어내는 눈이 깊어질수록 김품일은 혈통에 대한 의문이 커졌다.

'아마도 저 별은 제왕의 별일 것이다. 반듯하게 빛을 발하던 별이 자꾸 깜빡이는 것을 보면 필시 무슨 일이 일어나고 있는 것이다. 왜 하늘을 볼 때마다 왕실에서 일어나는 일이 보이는 걸까?'

김품일의 물음에 답을 해 줄 수 있는 사람은 아무도 없었다. 하지만 위태롭게 흔들리던 별의 빛이 사라진 후, 김품일은 오랫동안 꾹꾹 눌러 담아온 감정과 의문들이 서서히 풀어지는 느낌이 들었다. 동시에 그의 마음도 크게 일렁거렸다. 이상할 일이었다. 김품일은 어머니에게만 알리고 서둘러 오대산으로 향했다. 초막에 들어서는 순간, 학이 하늘로 날아올랐다. 학이 날아간 방향을 보던 김품일은 남쪽 하늘에 별 하나가 붉은빛을 내는 것을 발견했다. 제왕의 자리였다.

밤이 되자 붉은빛은 더욱 강해졌다. 타오르듯 붉은빛을 내던 별은 갑자기 깜빡거리며 빛을 잃더니 긴 꼬리를 그리며 떨어지다가 아슬아슬하게 다시 걸렸다. 동시에 김품일의 마음이 홀가분해졌다. 있는지도 몰랐던 커다란 돌덩이를 이고 있다가 툭 내려놓은 듯 몸과 마음이 가볍고 편안했다. 마치 부모를 죽인 원수가 사라져 버린 듯한 후련함이었다. 그러면서 오랫동안 마음속으로 다그쳐온 아버지에 대한 의문과 집착이 사라지는 것을 느꼈다.

'제왕의 별이 빛을 잃고 떨어졌으니, 왕이 곧 승하하실 게 분명하다. 그런데 나는 왜 이런 기분이 드는 것일까?'

한번 시작된 의문이 꼬리를 물고 머릿속에 떠올랐다.

'왜 왕의 삶과 죽음에 내 마음이 이토록 흔들리는가? 나는 누구인가? 내 운명은 무엇인가?'

요동친 마음은 쉬이 가라앉지 않았다. 밤을 꼬박 새운 고민 끝에 김품일은 금성으로 가야겠다고 생각했다. 금성에 가면 이 혼란스러움에 대한 답을 찾을 수 있을 것 같았다. 초막을 나온 그는 오대산에서 내려와 어머니에게 자신의 마음을 이야기했다.

"어머니, 저는 마음을 정했습니다. 금성에 가고 싶습니다."

갑작스러운 김품일의 선언에 당황하고 놀란 어머니가 말을 더듬으며 되물었다.

"금성이라면… 서, 서라벌에 가겠다는 것이냐?"

"그렇습니다. 오대산에서 제왕의 별이 떨어지는 것을 보았습니다. 그 순간 갑자기 가슴이 후련해지는 것을 느꼈습니다. 그 이유를 찾고 싶습니다. 금성에 가는 것을 허락해 주십시오."

"허락할 수 없다."

"왜 그렇습니까?"

"네 아버지와의 약속이다."

"네?"

아버지라는 말에 김품일의 눈이 커졌다.

"아버지께서 남긴 말씀이 있으셨다니… 왜 진작 말씀해 주지 않으셨습니까?"

"그동안 잊고 있었다. 네가 금성에 가겠다고 말하지 않았다면 여전히 잊고 지냈을 것이다."

"아버지께 어떤 약속을 하셨다는 말씀입니까?"

"네 아버지가 명주를 떠나기 전 말씀하시길, 아들이 태어나거든 성인이 될 때까지 명주를 떠나지 말게 하라고 하셨다."

"아버지께서 명주를 떠나셨다니… 할아버지께서는 아버지가 명주에서 세상을 떠났다고 하셨습니다."

"그분의 말씀도 옳다. 명주 도독 김술원 공의 아드님은 명주에서 일찍 세상을 떠나신 것이 맞다."

"왜 아버지를 김술원 공의 아드님이라고 부르십니까? 제가 이제껏 할아버지라 믿었던 분이 진정 할아버지가 맞습니까? 제 진짜 아버지는 도대체 누구입니까? 어머니는 제 어머니가 맞습니까?"

"갑자기 이런 말을 들으니 혼란스러울 것이다."

"지금껏 혼란스러웠습니다. 방금은 혼란이 더 커졌을 뿐입니다. 아버지가 할아버지의 아들이 아니라면… 명주를 떠나셨다면 어디에서 오신 분이셨습니까? 성함은 무엇입니까? 제 성은 김씨가 맞습니까?"

"나 역시 오랜 세월 네 아버지가 과연 누구였는지, 어떤 분이었기에 명주 군왕의 후손이 직접 호위하고 명주 도독이 우리 모자를 거두었는지 생각하고 또 생각했다."

"그래서 답을 찾으셨습니까?"

"미안하구나. 길고 긴 생각이 그 끝에 닿았을 때, 어미는 두려웠다. 답을 찾지 않는 것이 차라리 옳다고 생각했다. 감당할 수 없는 진실을 받아들일 수 없기에 외면이 최선이라고 믿었다."

"감당할 수 없는 진실이 무엇입니까?"

"차마 말할 수가 없다. 아버지에게 직접 들은 것이 없으니 내 생각이 맞다고 할 수도 없다. 아버지는 우리 모자의 안전을 위해 이름도, 신분도 말할 수 없다고 했다. 하지만 모든 것이 남다른 분이셨다. 그분이 하늘만큼 귀한 분이라는 것은 짐작했으나 아무것도 묻지 못했다. 네가 태어난 후에는 애써 잊고 살았다. 하지만 어미조차 꺼내어 들여다보지 못했던 진실을 네가 오대산에서 찾고 있을 줄은 몰랐구나."

"아버지는 금성에서 오신 분이었습니까?"

"모른다."

"저는 압니다. 아버지는 금성에서 오신 분이셨습니다. 저는 하늘을 보고 별을 보면 금성의 일들이 눈앞에 그려집니다. 아버지가 누구인지 알지 못한다면, 말할 수 없다면 아버지께서 남긴 말씀이라도 들려주십시오. 다 기억하지 못한다면 기억하는 일부분만이라도 말씀해 주세요."

"아버지가 남긴 말씀은 아주 짧았다. 아이가 태어나면 명주 김씨 가문에서 도울 것이라고 했다. 외할아버지께서 아비 없는 자식을 낳았다며 나를 핍박하고 갓난아기였던 너를 버리려

한 적이 있었다. 그때 명주 도독 김술원 공께서 '이 아기는 죽은 내 아들의 핏줄'이라며 나와 너를 살려 주셨다."

"그 이야기는 할아버지께 들은 적이 있습니다. 한데 아버지와 할아버지는 도대체 어떤 인연이었기에…."

"그것은 묻지 않았고, 들은 바도 없다. 나와 만나기 전, 아버지께서는 오대산을 참배하셨다고 들었다. 초막과 다섯 봉우리를 모두 참배하며 기도하여 발원을 세웠다고 했다. 그래서 네가 오대산에 오를 때마다 어미는 놀랐다."

"오대산에 가면 마음이 편했습니다. 이상하게 사람의 발길이 끊어진 곳도 쉽게 찾을 수 있었습니다. 불보살님의 가피라고 생각했는데, 아버님이 다녀가셨던 곳인 줄은 몰랐습니다. 다른 말씀은 없으셨습니까?"

"오대산에서 기도를 마치고 내려온 아버지와 나는 석천에서 만났다. 함께 물을 마셨고, 사흘을 함께했다. 떠나기 전, 아들이 태어나면 금성으로 보내지 말라고 하셨다. 네게 말하지 못한 것은 아버지에 대해 알지 못하기 때문이고 약속 때문이었다. 지금 네가 금성에 가겠다고 하니 말하게 된 것이다."

"알겠습니다. 아버지의 뜻이 그러하고 어머니께서 이리 말씀하시니 마음의 의문을 풀 수 있는 다른 방법을 찾아보겠습니다."

다음 날 김품일은 오대산으로 떠났다. 별을 보기 위해서가 아니라 아버지의 자취가 남아 있는 자리에서 기도하여 답을 얻기 위해서였다. 김품일은 초막을 시작으로 오대산의 다섯 봉우리를 모두 참배하며 간절하게 기도했다. 마지막으로 김술원 공이 자장 율사를 만났다는 부처님의 진신사리를 모신 불단에서도 기도를 올렸다.

'오대산에 상주하는 불보살님과 신령님들께 기도하옵니다. 저는 지금까지 오대산의 낡은 초막에 마음을 의지해 왔습니다. 오대산은 저의 육신과 정신을 품고 거두어 길러낸 곳입니다. 그러니 이제 제가 어떤 길을 가야 하는지 답을 주소서. 답을 찾을 수 있는 지혜를 주소서.'

자장 율사는 끝내 나타나지 않았다. 문수보살도 보지 못했다. 하지만 김품일은 오대산 봉우리 위에서 한없는 자유와 가피를 느꼈다. 그곳에서는 해와 달도, 동과 서도 하나의 허공일 뿐이었다. 김품일은 자신이 오대산을 불국토로 완성할 것이라던 자장 율사의 말을 떠올렸다. 어린 시절, 김술원 공이 무릎에 앉힌 김품일에게 수시로 들려주었던 그 이야기가 갑자기 거대한 확신으로 다가왔다.

'이것이 내 운명이요, 오대산이 내게 주는 사명이로구나!'

아버지를 찾는 것보다 더욱 중요한 답을 얻은 김품일은 보름 뒤, 산에서 내려왔다. 집으로 돌아온 그는 어머니 앞에 단정하게 절을 올리고 말했다.

"어머니, 저는 오대산에서 답을 얻었습니다. 오대산의 불보살님들께서 지혜를 주셨습니다."

"집으로 들어오는 네 모습을 보고 어미는 이미 알았다. 네가 어떤 길을 가더라도 어미는 너를 위해 기도할 것이다."

"부처님의 제자가 되고 싶습니다. 그리하여 오대산을 불국토로 완성할 것입니다. 어머니, 저는 출가하겠습니다."

오대산 불보살님께 간절하게 기도했던 애장왕의 발원은 이루어졌다. 서라벌의 왕위 다툼에서 벗어나 불국토를 이룰, 부처님께 바칠 아들 얻기를 바랐던 애장왕의 마지막 소원이 김품일의 출가로 이어진 것이다. 어머니는 놀라우면서도 기뻤다. 아들이 만약 출가를 원한다면 허락하라던 말이 떠올랐다. 출가 후 성년이 되면 어디로든 가도 된다는 말도 새록새록 생각났다. 모든 것이 정해진 운명을 따라 흘러가는 것 같았다.

"그리하거라. 네가 그 말을 하기를 오랫동안 기다려 왔다."

어머니는 눈물 어린 얼굴로 환하게 웃으며 아들의 출가를 허락했다. 김품일의 출가는 가족들의 축하와 경사스러운 분위기 속에서 이루어졌다. 어머니는 손수 음식을 준비하여 삭발식에 공양을 올렸다. 김품일의 삭발식을 지켜본 사람들은 머리카락이 떨어지는 순간, 앳된 얼굴 속에서 부처님의 풍모가 보인다고 속삭였다. 삭발과 함께 속세의 경계를 단숨에 뛰어넘은 것 같았다. 김술원이 가장 먼저 일어나 사미 김품일에게 삼배를 올렸다. 이어서 김품일의 어미가 삼배를 올렸다. 그 경건한 광경에 사람들은 잠시 말을 잃었다.

삭발식을 마치고 법당을 나오자 하얀 학이 크게 울음소리를 내며 날아갔다. 문공이 놀란 얼굴로 감탄했다.

"백학이 오셨구나! 백학이 오셔서 기쁨을 함께하는구나."

김술원은 조용히 눈물을 훔치는 김품일의 어미를 보며 말했다.

"명주 도독으로 부임하기 전, 오대산에서 참배를 올렸는데 그때 자장 율사께서 나타나서 말씀하셨다. 장차 신라의 왕이 오대산을 찾을 것이고 명주를 크게 빛낼 아이가 태어날 것이라고. 오대산을 불국토로 완성할 대단한 아이가 태어날 거라고 하셨지."

"왜 갑자기 그런 말씀을 하십니까?"

작고 가녀린 여인의 몸으로 어떻게 그 긴 세월 동안 그토록 커다란 비밀을 품고 지내왔을까. 김술원은 김품일의 어미가 기특하고 안쓰러웠다.

"아가, 너는 그분을 이미 알고 있구나. 오랫동안 참 잘 견뎌 주었다."

김술원의 진심이 담긴 따뜻한 위로에 여인의 눈가가 붉어졌다.

"진실을 알게 된 후부터 항상 두려웠습니다. 그래서 차마 누구에게도 말하지 못했습니다."

"품일은 그분의 유일한 아들이다."

"하지만 그분은 품일이 자신처럼 살기를 바라지 않는다고 하셨습니다."

"그분에게는 더 큰 뜻이 있었을 것이다. 그리고… 품일의 출가는 그분의 뜻만은 아니다."

"언제가 서라벌에 가게 되면 품일도 진실을 알게 되겠지요?"

"품일은 심지가 굳은 아이다. 염려하지 마라. 품일은 스스로 자신의 길을 찾았으니, 그 길 위에서 답을 구할 것이다."

826년, 김품일은 열다섯 살의 나이로 명주에서 출가했다. 이듬해 제41대 헌덕왕이 승하하였다. 발원과 출가 그리고 헌덕왕의 죽음으로 김품일은 그의 마음을 괴롭혀 온 과거에서 벗어나 수행자로서의 삶을 시작했다.

오대산을 떠나 금성으로

　　스무 살이 된 김품일은 고향 명주를 떠나 금성으로 향했다. 그는 언제 돌아올지 모르는, 한편 언제든 반드시 돌아와야 하는 오대산을 찬찬히 돌아본 후 금성으로 출발했다. 금성에서 구족계를 받고 부처님의 가르침을 열심히 배우며 수행하여 깨달음을 얻는다면 오대산에 웅장한 가람을 세우겠다는 서원을 가슴에 품고 길을 떠났다.

　　달포가 지나 서라벌에 도착했을 때, 김품일은 생각과 다른 모습에 의아했다. 서라벌을 동경하는 이들의 말처럼 북적북적하고 활기찬, 화려한 수도를 그려 왔으나 정작 거리의 분위기는 무거웠다. 다만 모든 소식이 놀랍도록 빨랐다. 궁궐에서 흘러나온 이야기가 백성들의 귀에 들어가기까지 걸리는 시간은 반나절이면 충분한 것 같았다. 서라벌에 도착하여 일각(약 15분)이 지나기도 전, 김품일은 왕비가 세상을 떠난 것을 알게 되었다. 삼삼오오 모인 사람마다 왕비의 이야기를 소곤거렸기 때문이다.

애장왕의 여동생이자 절세 미녀였다는 왕비 장화부인의 죽음은 어디에서나 화제였다. 애장왕이 살아 있을 때, 장화부인은 헌덕왕의 동생이자 숙부인 김수종과 혼인하였다. 아내에 대한 김수종의 사랑은 지극했다. 김수종이 장화부인을 대하는 것을 본 사람들은 그가 공기도 숟가락으로 떠서 아내에게 먹여 줄 정도라며 혀를 내둘렀다. 하지만 장화부인이 웃는 모습을 본 사람은 드물었다.

김수종이 왕위 계승자가 된 이후 장화부인은 모습을 드러내지 않았다. 몸이 불편하다는 이유로 축하 연회에도 불참하였고, 심지어 왕의 부름에도 입궁하지 않았다. 그 후 헌덕왕이 승하하고 김수종이 왕위에 오르자 장화부인은 병이 깊다며 즉위식에도 나타나지 않았다. 왕비의 예우를 거부한 채 두문불출하던 그녀는 앓아누운 지 두 달 만에 세상을 떠났다. 왕비가 된 이후 장화부인을 본 사람이 거의 없었고 시중을 들던 하녀들도 고작 몇 명에 불과하였기에 그녀의 죽음은 사람들의 호기심을 자극했다. 민간에서는 장화부인이 스스로 곡기를 끊고 죽음을 선택했다는 이야기와 애장왕이 세상을 떠난 뒤부터 병환이 깊어졌다는 이야기들이 알음알음 퍼져나갔다.

흥덕왕(김수종)의 슬픔이 채 가라앉기도 전, 새로 왕비를 맞이하라는 상소가 연일 올라왔다. 상소를 올린 이들 중에는 왕비의 자리가 계속 비어 있는 것을 염려한 신하들도 있었고 딸이 왕비가 되기를 바라는 귀족들도 있었다. 흥덕왕이 건강을 해칠 정도로 슬퍼하며 정무에 의욕을 잃어 가는 것을 안타깝게 생각한 신하들은 궁리 끝에 젊고 아리따운 궁녀에게 시중을 들게 했다. 이를 안 흥덕왕은 크게 화를 내며 아예 주위 궁녀를 모두 물리게 한 후 환관들에게 시중을 맡겼다. 그러자 세상을 떠난 왕비를 잊지 못한 흥덕왕이 그 후 궁녀조차 곁에 두지 않는다는 소문이 따라붙었다.

백성들 사이에서 소문이 일파만파 커진 것은 당나라에서 선물로 보낸 귀한 앵무새 때문이었다. 흥덕왕의 즉위를 알리기 위해 당나라에 사신으로 간 신하가 황제가 선물한 앵무새 한 쌍과 함께 귀국하였다. 깃털의 색이 아름다울 뿐 아니라 사람을 잘 따르고 심지어 사람의 말을 따라 하는 진기한 앵무새 이야기는 연일 화제였다. 커다란 천으로 가려진 새장이 왕궁에 도착했을 때, 사람들은 호기심 가득한 얼굴로 앵무새를 바라보았다. 하지만 왕비를 잃은 슬픔에 잠겨 있던 흥덕왕은 암수 한 쌍의 앵무새를 보자 눈물을 터트렸다.

"참으로 어여쁜 한 쌍이로다! 왕비와 함께 보았다면 얼마나 좋았겠는가!"

흥덕왕은 날마다 앵무새를 보살피는 것을 작은 낙으로 삼았다. 물과 먹이를 직접 주기도 했고 어떤 날은 침전에 앵무새를 두기도 했다. 그러던 어느 날, 앵무새의 구슬픈 울음소리에 잠에서 깬 흥덕왕은 망연자실하였다. 오랜 여정에 지쳤는

지 암컷 앵무새가 죽은 것이었다. 싸늘하게 굳은 암컷 앵무새 옆에서 수컷 앵무새는 애처로운 울음을 그치지 않았다. 홀로 남은 앵무새를 차마 볼 수 없었던 흥덕왕은 환관을 시켜 수컷 앵무새를 잘 보살피게 했다. 하지만 암컷 앵무새가 떠난 후 수컷 앵무새는 물도 음식도 먹지 않은 채 울기만 했다.

환관의 이야기를 들은 흥덕왕은 새장 안에 거울을 걸게 하였다. 거울 앞에 선 앵무새는 자신의 그림자를 암컷 앵무새로 착각하였는지 잠시 울음을 그쳤다. 하지만 거울로 다가가도 암컷 앵무새의 형체도 온기도 없었다. 수컷 앵무새는 차갑고 딱딱한 거울을 쪼아대다가 슬피 울더니 얼마 후 죽어 버렸다. 수컷 앵무새를 암컷 앵무새 옆에 묻어 주게 한 흥덕왕은 다음 날 조회도 열지 않은 채 하루 종일 침전에서 나오지 않았다. 흥덕왕이 실의에 빠져 국정을 소홀히 하사 한동안 잠잠하던 상소가 다시 올라오기 시작했다. 하루빨리 서둘러 왕비를 맞아야 한다는 것이었다. 이에 흥덕왕은 신하들 앞에서 화를 내며 말했다.

"작은 새도 짝을 잃은 슬픔이 있거늘, 하물며 좋은 배필을 잃은 짐의 마음이 어떻겠는가. 어찌 차마 무정하게 곧바로 다시 아내를 얻겠는가."

흥덕왕과 앵무새 이야기는 당나라에서 장군의 지위를 마다하고 귀국한 '궁복(장보고)'이 등장할 때까지 계속되었다. 슬픔에 잠겨 있던 흥덕왕은 알현을 청한 궁복을 만난 후 정무에 의욕을 되찾았다. 해적에게 붙잡혀 당나라에서 노예로 팔리던 백성들을 구해서 돌아온 궁복의 영웅담에 서라벌은 오랜만에 떠들썩해졌고, 백성들은 들뜬 얼굴을 감추지 못했다.

해적의 노략질이 심하여 백성들이 노심초사하며 지낸 지 오래였다. 특히 사람을 납치하여 노예로 팔아넘기는 해적들에게 아내나 딸, 아들을 잃은 사람이 두 집 건너 한 집일 정도로 피해가 컸다. 바다에 배를 띄우는 어부들은 풍랑의 위험보다 해적들 때문에 목숨을 걸어야 했다. 고기가 잘 잡히는 먼바다로 나갈 수도 없어 입에 풀칠하기도 힘든 나날이 계속되었다. 하지만 조정에서는 뾰족한 대책이 없었다. 평범한 신라의 의관을 갖추고 위풍당당하게 입궁하는 궁복을 보면서 백성들이 말했다.

"저 궁복이라는 장군은 서라벌 사람인가?"

"아니, 이 사람아, 골품이 있는 귀족이었으면 뭣 때문에 당나라까지 갔겠는가!"

"그렇지, 서라벌에서 태어나야 골품이고 뭣이고 있는 법이지. 우리와는 상관없는 이야기지만."

"왜 상관이 없어? 우리나 저이나 6두품 아래인 것은 같구먼"

"그런가? 그래도 궁복 저이는 당나라에서 장군까지 했다는데 우리와 같다고 보긴 어렵지."

"아무리 당나라에서 장군 아니라 재상을 했어도 여기선 골품 없으면 아무것도 아니지 않은가?"

"아무리 공이 커도 서라벌에서 출세하기는 힘들지."

"근데 저이가 왜 돌아왔는지 아는가?"

"그러게. 나도 그게 궁금하네."

신라의 한 바닷가 마을에서 태어난 궁복, 즉 장보고는 포부가 크고 비상한 능력이 있었다. 체격도 남달라 기골이 장대했다. 게다가 활과 창 다루는 솜씨는 비교할 상대가 없을 정도로 빼어났다. 하지만 혈통과 출신이 신분을 결정하는 신라에서 지방 출신에, 골품이 없던 장보고는 낮은 신분으로 인해 꿈을 펼칠 수가 없었다. 장성한 후 신분의 한계를 느낀 장보고는 같은 고향 출신의 정련과 함께 신라를 떠났다. 당나라에서 능력을 발휘하여 출세할 기회를 잡고자 일생일대의 선택을 한 것이다.

장보고가 신라를 떠났을 당시 당나라는 매우 혼란스럽고 어지러웠다. 현종(당나라 제6대 황제, 재위 712~756)은 이민족들에게 적절한 벼슬을 내리고 서로 견제하게 하여 북방을 안정시키고 강력한 군사력을 바탕으로 전쟁과 화친을 통해 당나라의 전성기를 이끈 황제였다. 넓은 영토를 다스리기 위해 현종은 '절도사 제도'를 활용했다. 영토에 대한 지배권과 군사력을 갖춘 절도사는 영지 내에서 거의 군주나 다름없는 전권을 가지고 있었다. 절도사의 임기는 본래 2년이었으나 정복 전쟁을 통해 공을 세운 절도사들은 장기간 재임하며 독자적인 권력을 행사했다. 하지만 당대의 성군이라 칭송받던 현종은 재위 말년 양귀비에 대한 사랑으로 판단력을 잃고 양귀비의 사촌 오라비 양국충을 재상으로 삼았다. 양국충은 사리사욕을 채우기에 바빴으나 현종은 그의 아첨에 기뻐할 뿐이었다.

절도사에 대한 관리가 소홀해진 틈을 타 현종과 양귀비의 총애를 받은 안녹산은 평로절도사, 범양절도사, 하동절도사를 겸임하며 당나라 군사의 3분의 1이 넘는 병력을 손에 넣었다. 막강한 군사를 거느린 안녹산은 마침내 반란을 일으켜 수도 장안을 함락시켰다. 현종은 총애하는 양귀비와 함께 피난길에 올랐으나 관군은 군주를 유혹해 나라를 망친 요부를 지킬 수 없다며 호위하기를 거부했다. 군인들은 양귀비를 등에 업고 국정을 농단해 온 양국충을 살해한 후 반란의 원흉인 양귀비의 죽음을 요구했다. 결국 양귀비는 자결하였고, 이에 충격을 받은 현종이 아들(당나라 제7대 숙종)에게 양위하자 비로소 관군은 반란군에 맞섰다.

양귀비의 죽음으로 사기가 오른 관군은 수도 장안을 되찾았다. 하지만 안녹산이 죽은 후에도 각지에서 절도사들의 반란이 이어졌고 이를 완전히 제압하기까지는 수년이 걸렸다. 안녹산의 난 이후 당나라 황실은 위엄을 잃고 위축될 수밖에 없었다. 황실은 고갈된 재정을 확보하기 위해 병력을 감축하였고 군대가 해산되면서 직업을 잃고 생계가 막막해진 군인들은 도적이 되어 백성을 수탈하고, 해적이 되어 노략질을 일삼았다. 이 시기 당나라의 국정은 환관의 손아귀에 있었다. 황실에서는 환관에 의해 황제가 살해당하고, 환관에 의해 새로운 황제가 즉위하는 일이 빈번하게 일어났다. 그러다 보니 크고 작은 반란이 자주 일어났다. 이러한 당나라의 혼란스러운 상황이 외국인인 장보고가 능력을 발휘하여 공을 세울 기회를 만들어 주었다 해도 과언이 아니다.

당나라 군대에 들어간 장보고는 이내 두각을 드러냈고, 마침내 장군의 자리에 올랐다. 당나라에서 장군으로 활약하던 장보고는 해적들이 바다를 장악한 것을 보았다. 풍부한 견문과 군사적 경험을 모두 갖춘 장보고는 바닷길을 확보하는 것이 무엇보다 중요하다는 것을 깨달았다. 이에 장보고는 당나라에서 이룬 부와 명예를 내려놓고 신라로 돌아왔다. 그리고 흥덕왕을 알현하여 이렇게 말했다.

"바다를 장악한 당나라 해적들이 신라인들을 자꾸 잡아가 노비로 삼는 일이 많습니다. 전하께서 저에게 군사 1만을 주시면 제가 당의 해적들을 막겠습니다."

당시 신라와 당나라 사이의 해안은 그야말로 무법지대였다. 신라인들을 잡아서 노비로 팔아넘기는 해적이 들끓고 있었다. 해적들 때문에 신라의 해상 교역도 위협을 받은 지 오래였다. 장보고는 바로 이 문제를 흥덕왕에게 보고하며 신라 군사를 주면 당나라 해적을 소탕하겠다고 말한 것이었다. 사실 장보고를 따르는 이들은 이미 많았다. 흥덕왕에게 군사를 달라고 한 것은 단순한 요청이 아니라 왕실의 명을 받아 신라를 지킨다는 명분이 필요했기 때문이었다.

흥덕왕은 장보고의 청을 받아들였다. 바다를 장악하고 날뛰는 해적들의 문제가 심각하다는 것을 알면서도 관군이 쉽사리 손을 대지 못하고 있던 터였다. 1만의 군사가 적은 수는 아니었으나 해적을 상대할 군대를 새로 만드는 것보다 일단 장보고에게 군사를 준 뒤 그가 책임을 지고 해결하게 한다면 그것만으로도 충분한 이득이었다. 해적이 줄어들면 백성을 지킨 왕으로 칭송받을 수 있었고, 바다가 안전해지면 당나라와 해상 교역을 재개할 수 있을 것이었다.

"신라를 향한 그대의 충심에 감동하였소. 그대를 특별히 '청해 대사'로 봉하고 군사를 주겠소. 부디 신라 백성들을 해적으로부터 지켜 주시오. 이제 신라의 바다가 안전해지는 것은 그대에게 달려 있소."

골품도 없는 장보고가 특별 관직을 받는 것에 대한 신하들과 귀족들의 반대가 있었으나 흥덕왕은 끝내 명을 거두지 않았다. 장보고는 자신을 믿어준 흥덕왕에게 충성하며 완도와 부속 섬 장도에 청해진을 세우고 이를 거점으로 해적을 소탕하고, 서남해안의 군사와 무역 상권을 빠르게 장악해 나갔다. 해안이 안정되고 질서가 잡히자, 해상 교역은 다시 활기를 찾기 시작했다. 흥덕왕 또한 의욕을 되찾았다. 청해진에는 다양한 나라에서 물건을 사고파는 시장이 형성되어 장보고는 큰 부를 누렸다. 장보고의 부귀와 군사력이 높아지니 귀족의 반발도 잠잠해졌다. 무엇보다 바닷길이 안전해지면서 당나라로 유학하는 스님들이 다시 늘어났다.

장보고가 흥덕왕을 알현한 것은 김품일이 금성에서 구족계를 받고 얼마 지나지 않아서였다. 김품일은 신라로 오는 교역선이 많아지면서 당나라로 유학을 떠나는 스님들이 늘어나는 것과 당나라에서 공부를 마친 스님들이 속속 귀국하여 활발한 포교 활동을 펼치는 것을 보았다. 불과 얼마 전까지 해적들로 인하여 엄두도 내기 어려웠던, 목숨만 잃을 가능성이 높았던 당나라 유학을 꿈꿀 수 있게 된 것이다.

청해진을 설치하고 바닷길을 장악한 장보고는 신라인들이 많이 모여 사는 산둥반도 등주에 '적산법화원'을 건립하기도 했다. 적산법화원은 해상을 중심으로 활동하는 장보고에게 생명의 안전과 번영 등을 기도하는 사찰이자 당나라에서 살아가는 신라인늘에게는 마음의 의지처이자 신앙의 구심섬이기노 했다. 장보고로 인한 신라의 변화를 목격한 김품일은 당나라에 가서 불법을 배우고 싶다는 서원을 세우게 되었다. 오대산에 부처님의 진신사리를 모시고 불법의 씨앗을 심은 자장 율사 또한 당나라에서 유학하며 문수보살을 친견하지 않았던가.

'당나라에 가서 부처님의 법을 배우리라. 배우고 돌아와 자장 율사의 뜻을 이어 오대산에 계율을 세우고 부처님의 가르침을 펼치리라.'

김품일은 오대산으로 돌아가기 위해, 당나라 유학을 간절히 서원했다.

앵무새 죽이기

 830년 12월, 흥덕왕 재위 5년을 맞아 장화부인의 천도재가 크게 열렸다. 김품일도 여러 스님들과 함께 천도재에 동참했다. 구족계를 받은 스님들 가운데 수행에 대한 진지함과 경전을 해석하는 총명함에 있어서 김품일은 단연 군계일학이었다. 그는 서라벌 귀족 사이에서 명성을 얻어 가던 중 장화부인의 천도재에 참석하게 된 것이었다.

 법회와 의식을 마치고 마지막 극락왕생 염불이 끝난 후 김품일은 스님들과 함께 흥덕왕과 왕자를 알현하였다. 흥덕왕은 여러 스님들 사이에 서 있는 김품일을 보고 깜짝 놀랐다. 세상을 떠난 장화부인을 닮은 얼굴에 왠지 범접할 수 없는 기운이 느껴졌다. 왕자 능유 또한 김품일을 보며 알 수 없는 감정이 요동을 쳤다. 흥덕왕은 참지 못하고 물었다.

 "스님과 제가 언제 만난 적이 있습니까?"

"소승의 고향은 명주입니다. 고향에서 열다섯에 출가하여 오대산을 참배하며 수행하다가 스무 살이 되어서야 금성에 왔습니다. 구족계를 받은 지 3년이 되었고, 그동안 왕실의 법회와 천도재에 참석한 적이 없습니다."

김품일의 입에서 오대산이라는 말이 나오자, 흥덕왕은 움찔했다. 하지만 흥덕왕은 놀라움을 감춘 채 대화를 이어 나갔다.

"그렇다면 분명 처음 만났을 텐데 어쩐지 낯이 익습니다. 왕비가 떠난 지 벌써 몇 해가 지났어요. 이제는 얼굴조차 가물거렸는데 스님을 본 순간, 그리운 왕비의 모습이 저절로 떠올랐습니다."

장화부인을 떠올린 흥덕왕의 눈가가 촉촉해졌다. 김품일은 말없이 합장하고 고개를 숙였다. 이때 김품일에게 눈을 떼지 못하는 사람이 또 있었다. 바로 흥덕왕과 장화부인의 아들인 왕자 능유였다. 흥덕왕이 돌아가고 한참이 지나 사람들이 거의 다 흩어졌을 때까지 기다리던 왕자 능유는 김품일에게 조용히 다가와서 말을 걸었다.

"스님을 뵈니, 마치 제 어머니를 뵙는 것 같습니다. 저는 '장화부인의 아들' 김능유입니다."

'장화부인의 아들'이라고 자신의 소개하는 왕자를 보며 김품일은 의아했다. 하지만 그의 표정은 사뭇 진지했다. 엄숙하고 애틋한 기운, 품일은 능유 왕자에게서 동병상련의 정을 느꼈다.

"아마도 왕비마마를 잊지 못하고 그리워하는 마음 때문일 것입니다. 저뿐만 아니라 오늘 천도재에 동참한 스님들 모두 왕비마마의 극락왕생을 위해 정성껏 기도했습니다.”

“알고 있습니다. 스님께서는 당나라에서 불법을 공부하고 싶다고 하셨다지요.”

“아직은 소승의 바람일 뿐입니다. 언젠가 기회가 된다면 당나라에서 부처님의 가르침을 배우고 싶다는 서원이 있습니다.”

“정월 대보름이 지난 후, 제가 이끄는 사신단이 당나라로 출발합니다. 청해 대사 덕분에 바닷길이 안정되었다고는 하나 위험이 없지는 않습니다. 이번에 무사히 다녀온다면, 이후 저와 함께 당나라에 가시는 것이 어떻겠습니까?”

김품일은 놀란 눈으로 고개를 들었다. 왕자 능유는 환하게 웃으며 말했다.

“신라의 바다에서 해적이 많이 사라졌다고는 하지만 일반 교역선보다는 신라 사신단의 깃발을 단 배가 조금 더 안전할 것입니다.”

“보잘것없는 소승을 이리 대해 주시니 몸 둘 바를 모르겠습니다.”

“아닙니다. 후에 스님께서 깨달음을 얻어 신라의 큰 국사가 되신다면, 오히려 스님 덕분에 제가 공덕을 짓게 된 것이니 제 복입니다.”

한 사람은 고귀한 왕자요, 한 사람은 사문이었으나 두 사람은 마치 오래 알고 지낸 형제처럼 마음이 잘 맞았다. 김능유는 김품일과 이야기를 하면서 알 수 없는 그리움이 채워지는 것 같았다. 김품일 역시 김능유의 그 마음을 느낄 수 있었다.

831년 2월, 김능유는 여러 스님들과 함께 당나라로 향하는 배에 올랐다. 떠나기 전, 그는 김품일을 만났다.

"저는 이상하게도 스님이 마치 오랫동안 그리워한 동기나 혈육처럼 느껴집니다."

"저도 그렇습니다. 제게는 다른 형제도 없고, 친척들과도 가깝지 않은데 왕자님은 세상을 떠난 아버님께서 보내 주신 분 같습니다."

"아버지가 누군지 모른다고 했지요?"

"금성에 오면 어린 시절부터 간직해 온 그 의문에 대한 답을 찾을 줄 알았습니다."

"그래서 답을 찾으셨습니까?"

김품일은 빙그레 웃으며 고개를 저은 뒤 왕자를 보면서 말했다.

"지난 천도재에서 왕자님을 만났을 때, 그토록 오래 품어 온 의문이 저절로 사라졌습니다. 그동안 답을 찾지 못해 괴로웠는데 이상하게도 답을 찾고 싶은 마음이 일어나지 않았습니다. 그리고 더 이상 괴롭지도 않았습니다. 참으로 신기한 일이지요?"

"정말 신기합니다. 우리는 아마도 전생에 형제였거나 사촌이었는지도 모르겠습니다. 어쩌면 세상을 떠나신 어머님이 스님과 인연이 있으실 수도 있겠지요."

"어쩌면 전생부터 이어진 인연일 수도 있겠지요."

"지금껏 어머니 이야기를 피해 왔는데… 스님께 말씀드리고 싶습니다. 어머니께서 돌아가셨을 때, 곁을 지킨 것은 저뿐이었어요. 어머니께서는 마지막까지 아버지를 보지 않으셨지요."

"왕비마마께서 세상을 떠나셨을 때, 왕께서 슬퍼하신 것을 모르는 백성은 없습니다. 제가 막 금성에 왔을 무렵이었지요. 서라벌 전체가 앵무새 이야기로 가득했습니다."

"앗, 스님이 말씀하시니 저도 기억이 납니다. 암컷이 죽자, 수컷이 슬퍼하다가 따라 죽은 그 앵무새 한 쌍 말이지요."

"맞습니다."

"사실… 암컷 앵무새를 죽인 것은 접니다."

김능유의 고백에 김품일은 깜짝 놀랐다. 하지만 후회와 고통으로 가득한 그의 얼굴을 보면서 놀란 기색을 감췄다. 그러자 김능유가 울먹이며 말했다.

"살생은 부처님께서 금하신 계율이지요. 왜 제게 아무 말씀도 안 하십니까?"

"오랫동안 괴로워하신 분께 무슨 말을 더 보태겠습니까. 이유가 있으셨겠지요."

김품일의 담담함이 김능유의 마음을 건드렸다. 오랫동안 마음을 드러내지 못했던 김능유의 눈에서 후드득 눈물이 쏟아졌다. 제 눈물을 보고 놀란 김능유가 참았던 울음을 터트렸다.

"그렇습니다. 정말 괴로웠습니다. 앵무새는 잘못이 없으니까
요. 하지만 그렇게 하지 않을 수가 없었습니다."

"왕비마마를 위해서였습니까?"

"어머니는… 왕비가 되신 후 하루도 편히 잠들지 못하셨어
요. 아니, 외숙부이신 애장왕께서 돌아가신 뒤부터 어머니는
서서히 죽어 가고 계셨는지도 모릅니다."

"왕비마마께서 병환이 깊으셨다는 소문은 들은 적이 있습니
다."

"왕위란 참으로 무서운 자리지요. 그 자리를 차지하기 위해
형이 동생을, 동생이 형을, 숙부가 조카를, 조카가 숙부를 죽
이기도 하니까요. 애장왕께서 어찌 돌아가셨는지는 스님도 아
시지요?"

"…"

"애장왕을 살해한 것은 숙부인 헌덕왕이셨습니다. 아버지는
헌덕왕이 반역을 저지를 것을 알았으나 이를 말리지 않고 오
히려 도왔습니다. 덕분에 왕위에 오르게 되었지요."

김능유는 왕실이 숨겨놓은 엄청난 이야기를 아무렇지 않게
꺼냈다. 애장왕의 이야기를 들으며 김품일은 가슴이 너무도
아팠다.

"애장왕께서 살해된 후 마음의 고통을 견딜 수 없었던 어머
니는 스스로 몸에 상처를 내곤 했습니다. 몸이 아프면 괴로움
을 잠시 잊을 수 있다고 하셨지요. 어머니는 자신의 몸에 점점

더 서슴없이 상처를 냈습니다. 처음에는 입술을 깨물고, 손톱을 뜯는 정도였으나 점점 살점이 떨어지고 피가 흐르는 것을 보아야만 멈췄습니다. 상처가 크고 깊을수록 편안한 얼굴을 하셨지요. 그때마다 어머니는 아무도 곁에 오지 못하게 했기에, 특히 아버지가 곁에 오는 것을 극도로 거부하였기에 저만 어머니 곁에 있을 수 있었습니다."

"왕자님께서도 어머니 못지않게 괴로우셨을 것입니다."

"이미 삶의 방향을 죽음으로 정한 어머니 곁을 지키는 것은 고통스러운 일이었지요. 때로는 어머니를 붙들고 함께 엉엉 울기도 했습니다. 하지만 어머니의 결심을 바꿀 수는 없었습니다. 그때부터 저는 그저 어머니께서 덜 괴롭고, 덜 아프시기만을 기도했습니다."

"…나무아미타불."

김품일은 온몸을 떨며 괴로워하는 김능유의 손을 가만히 잡아 주었다. 김능유는 눈물을 주룩주룩 흘렸다.

"영원히 가슴에 묻어두려 했던 이야기를 꺼내려니 너무 힘이 듭니다. 죄송합니다."

"괜찮습니다. 괜찮습니다. 천천히 모두 다 꺼내놓으셔도 됩니다. 제가 왕자님의 무거운 마음을 함께 들어드리겠습니다."

"제가 괴로워하는 모습을 보신 어머니는 어느 날부터 상처를 내는 대신 곡기를 끊으셨습니다. 물도 입에 대지 않으셨지요. 하루 또 하루… 또 하루… 그렇게 어머니는 천천히 숨을 거두셨습니다. 돌아가신 어머니의 몸은 마치 어린아이처럼 가벼웠지요."

김능유는 김품일과 대화를 나누면서 가슴을 짓눌러 온 답답함이 점차 가벼워지는 것을 느꼈다. 김품일 역시 김능유의 이야기를 들으며 자신이 그 일을 겪은 것처럼 고통스러웠고, 김능유에 대한 연민의 정이 솟았다.

"어머니는 아버지가 후회하기를 바랐습니다. 왕위를 차지하려는 욕심 때문에 아버지가 저지른 잘못을 뉘우치고 참회하길 바라셨죠. 하지만 아버지는 어머니의 죽음에 슬퍼하면서도 끝까지 후회하지 않으셨어요. 어머니를 보내드리면서도 미안하다는 말 한마디 하지 않으셨죠. 아버지는 어머니에게 장엄한 시호를 내리고 으리으리한 천도재를 올리는 것으로 참회를 대신하려 했습니다."

"앵무새가 죽으면 아버지가 후회할 거라고 생각하셨습니까?"

"앵무새를 보면서 어머니를 그리워하는 아버지의 모습을 제가 견딜 수가 없었어요. 아버지가 사무치게 후회하길 바랐습니다. 그래서 암컷 앵무새를 죽였지요."

"수컷 앵무새 앞에 거울을 걸게 한 것도 왕자님이십니까?"

"수컷 앵무새의 깃털을 뽑고 일부러 상처를 내어 울게 한 것도, 끝내 수컷 앵무새를 죽인 것도 접니다."

"원하는 것은 이루셨습니까?"

“아니오, 아니오. 반대로 아버지가 어머니를 사랑했다는 이야기만 널리 퍼졌습니다.”

“살생의 업보는 또 다른 업보로 돌아옵니다.”

“제가 잘못했다는 것… 압니다. 앵무새는 아무 잘못이 없었지요.”

“괴로움에 괴로움을 더하였으니, 왕자님도 잠을 편히 이루지 못하실 겁니다.”

“잠을 제대로 자지 못한 지 이미 오래입니다. 그런데 스님을 뵌 날, 처음으로 악몽에 시달리지 않고 잠을 잤습니다.”

김능유는 김품일을 보면서 생각했다. 어째서 이제 겨우 몇 번 본 것이 전부인 젊은 스님에게 집안의 비밀을 술술 털어놓는 것일까. 처음 만난 순간부터 마치 잃어버렸던, 존재조차 몰랐던 형제나 혈육을 만난 것처럼 마음이 갔다. 법회라면 셀 수 없이 참석했었고, 고승을 만난 적도 많았으나 이런 적은 한 번도 없었다.

“저는 왕위를 원치 않습니다. 하지만 왕위에 오르게 되겠지요. 아버지께서는 기필코 저를 태자로 삼으실 테니까요. 당나라에서 돌아오는 대로 태자 책봉식이 있을 것입니다. 그 전에 스님과 함께 당나라로 갈 수 있으면 좋겠습니다.”

“소승도 왕자님의 바람이 이루어지시길 바랍니다.”

“당나라에서 돌아온 후 다시 뵙겠습니다.”

“왕자님께서 무사히 다녀오실 수 있도록 정성 다해 기도하겠습니다.”

　김능유는 김품일과 함께 당나라에 가지 못하는 것을 아쉬워하며 헤어졌다. 그래도 자신의 비밀을 털어놓을 수 있어서 마음이 한결 편안했다. 순풍을 타고 당나라에 도착한 김능유는 사신의 임무를 다하기 위해 수도 장안으로 향했다. 그러나 그해 7월, 귀국하던 중 배 위에서 풍랑을 만난 김능유는 끝내 바다에 빠져 익사하였다. 김품일이 이 소식을 들은 것은 한참이 지난 후였다. 그는 마치 팔이나 다리 하나가 끊어진 것 같은 슬픔을 느꼈다. 김품일은 김능유가 부디 다음 생에는 그 어떤 것에도 걸림 없이 자유롭게 살아갈 수 있기를 바랐다.

　“왕자와 함께 오대산을 참배했으면 좋았을 것을… 그랬다면 왕자의 마음에서 독이 조금은 빠졌을 수도 있었을 텐데….”

　김품일은 김능유와 함께 오대산에 오르지 못한 것이 못내 아쉬웠다. 하지만 돌이켜 생각하면 김능유에게 이토록 빠르게 과보가 찾아온 것은 그의 마음이 청정하고 순수하기 때문일 수도 있었다. 왕자 능유의 죽음으로 김품일은 고통이 반복되는 윤회를 끊을 수 있는 길에 대해 궁구했다. 부처님의 가르침과 수행이 인과의 촘촘한 그물 안에서 생겨나는 끊임없는 업보를 씻어낼 수 있는 길임을 깨달았다.

　왕자의 죽음은 흥덕왕에게도 큰 충격이었다. 익사한 김능유의 나이는 애장왕이 살해되었을 때와 똑같았다. 아내 장화부인에 이어서 아들까지 죽자 절망한 흥덕왕은 병석에 눕게 되

었다. 왕위에 올라 선정을 펼쳐도 조카 애장왕을 살해한 과보
는 피할 수 없었다. 문득 모든 것이 부질없게 느껴졌다. 왕자
가 죽은 후 계속된 지진과 가뭄으로 흉년이 드는 바람에 온
나라는 기근에 시달렸고, 곳곳에서 도적 떼가 출몰하였다. 굶
어 죽는 사람이 길거리에 즐비했다. 절기는 가을에 접어들었
는데도 무더위가 이어져 시체 썩는 악취가 진동하였고 전염병
이 돌았다. 흥덕왕은 병든 몸을 이끌고 지방을 순행하며 백성
들을 위로하고 곡식과 베를 하사하였으나 민심은 여전히 흉흉
했다.

계속된 재해로 인하여 국고는 고갈되어 스님들이 사신단과
함께 당나라에 가기 어려운 상황이 되었다. 이때 김품일은 금
성에서 또 다른 왕자 '김의종'을 만났다. 김의종은 흥덕왕의 조
카로 김능유의 죽음 이후 중책을 맡기 시작한 인물이었다. 왕
의 조카인 그는 종종 '왕자'의 역할을 하기도 했으나, 그렇다고
후계자로 지명된 것은 아니었다. 흥덕왕에게는 다른 아들이
없었고, 왕위를 노리는 왕족은 넘쳐났다. 김의종 또한 욕심이
없는 것은 아니었다. 하지만 섣불리 야심을 드러낼 수도 없었
다. 후계자로 지명되는 순간 자칫하면 목숨을 잃을 수도 있었
다.

835년 겨울, 흥덕왕의 병환이 깊어졌을 무렵, 김품일은 김의
종을 만났다.

"이번에 당나라로 가실 예정이라고 들었습니다."

“아직 정해지진 않았습니다.”

“숨기지 않겠습니다. 지금은 금성에 머무는 것보다 실리를 취하는 것이 좋습니다.”

“왕의 병환이 깊으십니다.”

“그러니 더 서두르셔야 합니다. 모든 것은 때가 있습니다. 억지로 때를 움켜쥐면 반드시 탈이 납니다.”

“지금은 아니라는 말씀입니까?”

“조금 빨리 쥐었다고 해서 내 것이 된다는 보장은 없습니다. 때가 오면 싸우고 다툴 필요가 없습니다. 다투는 이가 많을수록 싸움은 치열해지고 다치는 이가 나올 수밖에 없습니다.”

“왕위에 관심이 없는 척하라는 말씀입니까?”

“피하는 것이 현명한 상책일 때도 있습니다.”

“아직 왕께서는 제게 아무것도 약속하지 않으셨습니다.”

“그러니 다행입니다. 왕께서 아무것도 약속하지 않으셨기에, 왕자께서는 보전할 기회가 있습니다.”

“보전….”

“왕자께서 원하는 것이 무엇입니까? 왕위입니까?”

“…!”

“왕께서 병환이 깊어 많은 사람의 시선이 왕자를 향하고 있습니다. 만약 왕자께서 그 마음을 한 자락이라도 드러낸다면 어떤 일이 일어날 것 같습니까?”

“….”

　김품일의 말을 들어보니 생각할수록 아찔했다. 김의종은 식은땀을 흘렸다.

　"왕께서 당나라에 사신을 보낼 예정이라고 들었습니다. 화를 피할 기회를 놓치지 마십시오. 용맹을 과시하는 자는 원하는 것을 싸워서라도 쟁취하지만 지혜로운 자는 싸우지 않고 이기는 법을 압니다."

　"감사합니다, 스님. 당나라로 갈 준비를 하겠습니다."

　김의종은 김품일의 말에 담긴 속뜻을 알아차렸다. 김의종은 김품일을 향해 합장하고 고개를 숙였다. 김의종의 아버지 김균정은 노골적으로 왕위를 원하고 있었고, 야심이 큰 이복형 김우징이 아버지의 곁을 지키고 있었다. 승산 없는 싸움에 목숨을 거는 대신 하나뿐인 목숨을 잘 지켜야 후일을 도모할 것이었다. 몇 번이나 말을 삼키던 김품일은 결국 돌아서는 김의종을 다시 불렀다.

　"그리고…."

　"말씀하십시오, 스님."

　"이름을… 바꾸는 것이 좋겠습니다."

　"네?"

　"이름의 마지막 자를 바꾼다면 왕께서도, 다른 이들도 안심하실 것입니다."

　"생각해 보겠습니다."

　김의종은 깊은 생각에 잠긴 얼굴로 떠났다. 얼마 뒤 김품일

은 하곡현(울산)을 통하여 당나라로 향하는 배에 올랐다. 김의
종은 흥덕왕에게 당나라에 사신으로 가겠다고 자청했다. 골
품이 높은 금성의 귀족들이 노골적으로 흥덕왕의 건강에 주
목하고 있을 때였다. 이런 상황에서 당나라행을 자청한 김의
종을 기특하게 여긴 흥덕왕은 그를 '사은겸숙위(謝恩兼宿衛)'로
봉하였다. 김의종은 김품일의 조언을 잊지 않았고 김품일은 김
의종의 주선으로 당나라로 향했다. 836년 정월, 김의종은 '신
라 왕자'의 신분으로 당나라로 향했다. 비슷한 시기 김품일이
탄 배는 당나라에 도착했다. 당나라 명주(영파)에 도착하여 배
에서 내린 김품일은 명주에 머물며 '선(禪)'을 배우려는 수행자
들이 구름처럼 몰려든다는 진국 해창원으로 갈 준비를 했다.

836년 12월, 제42대 흥덕왕이 세상을 떠나자, 예상대로 왕
위 다툼이 벌어졌다. 치열한 전투 끝에 김균정(김의종의 아버지)
이 죽고 흥덕왕의 조카 김제륭이 왕위에 올랐으니 신라 제43
대 희강왕이다. 패배한 김우징(김의종의 배다른 형)은 서라벌을 떠
나 청해진으로 가서 장보고에게 몸을 의탁했다. 하지만 희강
왕의 재위는 너무도 짧았다. 왕위에 오른 지 1년 만에 내부에
서 반란이 일어났고 겁에 질린 희강왕은 스스로 목을 맸다.
승리의 기쁨은 찰나였고, 죽은 자의 사무치는 원한은 과보로
남았으나 어좌를 차지한 이는 눈을 뜨고도 이를 보지 못했다.

당나라 유학

2장

명주(明州)에서 만난 정취보살

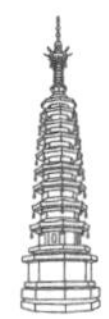

당나라에 도착한 김품일은 절강성 영파에 이르렀을 때 배에서 내렸다. 영파는 여러 나라에서 구법승이 많이 오가는 항구라서 사람들은 신라의 승복을 입은 수행자를 신기하게 보지 않았다. 수행자에 대한 인심도 야박하지 않아서 말이 통하지 않아도 탁발(스님이 불경을 외면서 마을로 다니며 동냥하는 일)을 할 수 있었다.

영파에서 짧게 머문 뒤 김품일은 항주로 길을 잡았다. 그곳에는 당대의 선승(禪僧)으로 유명한 제안 선사가 염관 해창원에 주석하고 있었다. 하지만 서두른다고 부처님의 가르침을 더 빨리 만날 수 있는 것도 아니었다. 풍토와 말이 모두 낯선 당나라에서 무턱대고 길을 재촉하기보다는 해창원까지 안전하게 가는 것이 중요했다. 해창원으로 가는 길에 사찰이 있을 때는 하루이틀 신세를 지기도 했다. 제안 선사의 명성을 듣고 타지에서 수행자들이 많이 찾아오는 지역이라 그런지 해창원이 가까워질수록 민심이 친절했다.

영파가 명주(明州)로 불린다는 것을 안 김품일은 자연스럽게 고향 명주(溟州)가 생각났다. 명주를 생각하자 저절로 오대산이 떠올랐다. 부처님의 가르침을 배운 후 오대산으로 돌아가리라. 김품일은 거듭 다짐하며 길을 나섰다. 이윽고 명주에서 규모가 큰 사찰 중 하나인 개국사(開國寺)에 이르렀을 때, 김품일은 해창원에 가기 전 잠시 이곳에 머물며 당나라 사찰의 풍속을 익히기로 했다.

개국사에는 당나라 사문들뿐만 아니라 김품일처럼 다른 나라에서 온 사문들도 드문드문 보였다. 모두 삭발하고 법복을 입었으나 복색과 생김새가 조금씩 차이가 났다. 공양 시간이 되자 사문들이 밥과 반찬을 연신 날랐다. 양손에 주전자를 든 스님이 들어오자 가장 윗자리 가운데 앉은 스님이 대나무 막대기를 세 번 쳤다. 그러자 순식간에 모든 스님이 말과 행동을 멈췄다. 음식을 담고, 집고, 씹고 삼키는 소리조차 들리지 않을 정도로 고요한 가운데 공양이 시작되었다.

김품일도 천천히 젓가락으로 음식을 집어서 입에 넣었다. 오직 먹는 것에 집중하던 중 말석에 앉아 있는 어린 사미와 눈이 마주쳤다. 우연인가 싶었으나 그 후로 공양을 마칠 때까지 몇 번이나 눈을 마주쳤다. 멀찍하게 떨어져 예의를 갖추고 있었으나 사미의 시선은 집요하게 김품일을 바라보고 있었다. 공양이 끝난 후 자리에서 일어난 김품일은 일부러 도량을 거닐었다. 이 모습을 본다면 사미가 그를 만나러 올 것 같았다. 김품일이 우물가에 이르렀을 때, 그리운 고향의 말소리가 불쑥 들려왔다.

"스님, 스님도 신라에서 오셨지요?"

김품일은 미소를 지으며 돌아보았다. 그를 부른 이는 공양할 때 시선이 마주쳤던 어린 사미였다.

"그렇습니다. 저는 신라에서 왔어요. 스님은 아직 비구계를 받지 않은 것 같은데 언제 당나라에 왔습니까?"

김품일은 사미의 앳된 얼굴과 복장을 보면서 물었다. 당나라에 도착한 뒤 줄곧 한자나 손짓 몸짓으로 소통하느라 내심 답답했던 김품일은 고향 말을 주고받는 것만으로도 반가웠다. 신라인이라는 것을 알고 나니 진근함이 느껴졌다. 얼굴형이며 골격, 눈썹이며 이목구비 하나하나가 신라 사람다운 티가 났다. 가까이 보게 된 김에 찬찬히 살피니 어린 사미의 왼쪽 얼굴에 마땅히 있어야 할 귀가 없었다. 김품일은 놀란 티를 내지 않은 채 가만히 사미를 바라보았다. 김품일의 시선을 알아차린 사미가 빙긋 웃으며 말했다.

"스님은 명주에서 오셨지요?"

"네, 오대산에서 왔습니다."

"저도 스님과 고향이 같습니다. 우리 집은 명주 지경 익령현 덕기방에 있습니다."

명주에서 왔느냐는 사미의 물음에 김품일은 자신도 모르게 '오대산에서 왔다'고 답했다. 김품일의 마음에 품은 고향은 언제나 오대산이었기 때문이다. 개국사에 도착했을 때도, 먼 당나라에서 동향의 사미를 만났을 때도 그는 오대산을 떠올렸다. 그런데 어린 사미가 단숨에 고향을 알아맞히니 김품일은 신기했다. 사미와 이야기를 나눌수록 오대산이 그리웠다. 그때 사미가 빙긋 웃으며 말했다.

"오대산에서 오신 스님, 스님께 부탁이 있습니다."

"부탁이라면⋯."

"훗날 귀국하여 고향에 돌아가시거든, 우리 집을 찾아가 주세요!"

"스님의 고향집을요?"

"네! 그리고 꼭 집을 지어주세요!"

"네? 그게 무슨 말입니까?"

"스님은 하실 수 있습니다. 우리 집을 꼭 찾으실 수 있습니다."

"명주⋯ 익령현⋯."

"맞습니다. 약속하신 겁니다. 명주 지경 익령현 덕기방입니다. 우리 집을 찾아서 꼭 저에게 집을 지어주세요!"

속사포처럼 말을 마친 사미는 김품일이 미처 대답하기도 전에, 주변을 살피더니 서둘러 사미들이 있는 곳으로 돌아갔다.

"잠시만요, 스님. 고향에 가서 집을 지어 달라고요?"

　김품일은 사미를 다시 만나서 이야기를 나누고 싶었다. 알쏭달쏭한 이야기가 진심인지 묻고 싶었다. 하지만 김품일이 개국사를 떠날 때까지 그 사미의 모습은 다시 볼 수 없었다. 김품일은 글을 쓰고 손짓과 발짓을 하며 스님들에게 귀 한쪽이 없는 사미를 아느냐고 물었다. 아무리 개국사가 여러 지역에서 온 스님들이 함께 머물고 있다 해도 신라에서 온, 한쪽 귀가 없는 사미를 찾는 일은 그리 어렵지 않은 일이었기 때문이다.

　하지만 김품일이 개국사를 떠나는 날까지 그런 사미를 보았다는 사람은 아무도 없었다. 그는 과연 누구였을까? 말투며 생김새는 분명 신라에서 온 것은 확실해 보였는데 과연 개국사에 사는 사미가 맞는 것일까? 사미에 대한 궁금증이 커질수록 그와 나눈 짧은 대화만이 또렷해졌다.

　"명주… 익령현 덕기방이라… 당나라까지 와서 같은 고향에서 온 사미를 만나고, 또 집을 지어 달라는 청을 받다니 참으로 신기한 일이로군."

　개국사를 나온 뒤 항주 해창원에 도착할 때까지 김품일은 귀 없는 사미를 종종 떠올렸다. 하지만 사미에 대한 기억은 점차 흐려졌다. 사실 김품일이 개국사에서 만난 귀 없는 사미는 스님의 모습으로 나타난 정취보살의 화신(化身)이었다. 명주의 돌다리 아래에서 오랜 세월을 보낸 정취보살의 불상이 있음을 김품일에게 알려 주고자 일부러 귀 없는 사미의 모습을 드러내고 자세한 위치를 말해준 것이었다. 하지만 고된 여정 속에서 사미의 존재는 점점 잊혀졌다. 염관 제안 선사를 만나기 위해 해창원에 도착했을 때, 이미 사미의 얼굴은 가물가물해졌다. 그럼에도 귀 한쪽이 없었던 사미의 모습과 목소리는 기억을 건드리기만 하면 바로 떠오를 정도로 선명하게 남았다.

수년 후 당나라에서 귀국한 김품일은 오대산으로 돌아간 후 귀가 없는 사미를 다시 만나게 된다. 굴산사에 주석하며 오대산과 하나가 된 듯한 삼매 속에서 김품일은 문득 약속을 지키라는 사미를 꿈에서 만났다. 삼매에서 깨어난 김품일은 낙산사 아래 '익령'이라는 이름의 마을을 찾아갔고 '덕기'라는 이름을 가진 여인의 집에서 그녀의 어린 아들을 만났다. 그는 어린아이에게서 돌다리 아래 금빛 나는 친구가 있다는 말을 듣고 돌다리 아래를 찾아갔다. 김품일은 물속에서 개국사에서 만났던 사미와 똑같은 얼굴에, 왼쪽 귀가 떨어진 불상을 발견하고 깜짝 놀랐다. 그 후 김품일은 낙산사에 전각을 마련하여 불상을 모셨다. 어린 사미의 모습으로 그의 앞에 나타났던 정취보살과의 약속을 지킨 것이다.

그대는 동방의 보살이로다!

당나라에 도착한 지 1년쯤 지난 837년, 김품일은 마침내 항주 해창원에 도착했다. 해창원으로 가는 길에 김품일은 제안(齊安) 선사에 대한 많은 일화들을 들을 수 있었다. 속성(俗姓)이 이(李)씨인 제안 선사는 당나라 종실(宗室)의 후예로 귀한 신분을 지녔으나 어릴 때부터 출가의 뜻을 세웠다. 제안 선사는 고향의 운종 선사에게 삭발하고 사미계를 받은 뒤 남악 지엄 율사에게 가서 구족계를 받았다. 그 후 철저하게 계율을 공부한 후 비로소 마조 도일(馬祖導一, 709~788) 선사에게 법을 배워 깨달음을 얻었다.

'마조'라는 법명으로 널리 알려진 도일 선사는 중국 조사선의 개조이자 선불교를 크게 일으킨 인물이다. 중국에 처음으로 선법(禪法)을 전한 인물은 인도의 보리 달마로, '달마 대사'라 불린 그는 선종의 초조(初祖)가 되었다. 보리 달마의 선법은 제5대 제자인 홍인 선사에 이르렀을 때, 출중한 두 명의 제자에 의해 남종선과 북종선으로 나뉜다. 남종선의 시조는 6조 조계 혜능(曹溪慧能, 638~713) 선사이고 북종선의 시조는 신수 대사이다. 그 후 북종선은 쇠퇴하였고 남종선은 융성하였는데, 혜능 선사의 뒤를 이은 제자가 남악 회양(南岳懷讓, 677~744) 선사였다. 회양 선사는 15세에 출가하여 교종을 배운 뒤 선종을 공부하기 위해 혜능 선사를 찾아갔다고 한다. 선법을 배우러 온 회양에게 혜능 선사가 물었다.

"어디에서 왔느냐?"

"숭산에서 왔습니다."

회양의 대답을 들은 혜능 선사는 다시 물었다.

"어떤 물건이 여기에 왔느냐?"

"…"

회양은 대답하지 못했다. 그 후 혜능 선사의 문하에서 8년을 공부한 회양은 어느 날 홀연히 깨달음을 얻고 스승에게 가서 8년 전 질문에 답했다.

"한 물건이라고 해도 맞지 않습니다."

회양의 대답을 들은 혜능 선사가 빙그레 웃으며 다시 물었다.

"한 물건이라 해도 맞지 않는다고 했는데 그것을 닦아서 증득할 수 있는가?"

"닦아 증득하는 일은 있겠으나 더럽힐 수는 없습니다."

회양의 선근이 무르익었음을 본 혜능 선사가 말했다.

"더럽힐 수 없는 것이 부처님께서 염려하여 보호하시는 바니, 그대도 그렇고 나도 그렇다."

혜능 선사의 마지막 한 마디에 회양은 크게 깨우쳤다. 이후 회양은 혜능 선사의 법을 이어 남종선을 계승하였다. 도일은 회양 선사의 제자 중 좌선과 정진력에 있어서 으뜸이었다. 하지만 좌선에 집착하여 수행에 진전이 더뎠다. 이에 회양 선사는 도일을 깨우치기 위해 방편으로 그가 머무는 암자 앞에서 기와를 가져와 갈았다. 스승이 난데없이 기왓장을 가져와 날마다 갈고 있자, 도일은 좌선에 집중할 수가 없었다. 결국 참다못한 도일이 회양 선사에게 물었다.

"스님, 기왓장은 왜 갈고 계십니까?"

그러자 회양 선사가 태연하게 대답했다.

"이걸 갈아서 거울을 만들려고 한다."

"기왓장을 아무리 간다고 해도 거울이 될 수 있습니까?"

도일은 어이가 없어서 반문했다. 그러자 회양 선사는 도일을 힐끗 보며 말했다.

"기왓장을 갈아서 거울을 만들 수 없다면, 좌선만 해서도 성불할 수가 없지."

회양 선사의 말에 정신이 번쩍 든 도일이 물었다.

"그러면 어떻게 해야 성불할 수 있습니까?"

"소달구지가 움직이지 않으면 달구지에 채찍질해야 하느냐,

소에 채찍질해야 하느냐.”

도일이 아무 대답도 하지 못하자 회양 선사가 그를 보며 말했다.

“좌선한다고 하여 가만히 앉아만 있는 것은 부처를 흉내 내는 것이니, 이는 곧 부처를 죽이는 행동이다. 선은 앉거나 눕는 데 있지 않다. 부처님의 법은 형태에 얽매이는 것이 아니다.”

회양 선사의 서릿발 같은 가르침에 도일은 크게 깨달음을 얻었다. 그 후 도일은 회양 선사를 10년 넘게 모시며 수행하였고, 마침내 조사선의 개조가 되었다. 도일의 속성(俗姓)이 ‘마(馬)씨’였기에 그는 ‘마조(馬祖)’라 불렸고, 많은 제자에게 법을 전하여 남종선을 크게 일으켰다. 마조 도일 선사의 법은 당나라에만 머물지 않았다. 신라 말 고려 초, 구산선문을 열고 선불교를 일으킨 선사 중 일곱 개의 산문이 마조 도일 선사의 제자에게 법을 이어받았는데, 김품일이 개창한 ‘사굴산문’도 그중 하나였다. 혜능 선사는 입적하기 전 “회양의 제자 중에 말한 마리가 나타나 천하를 짓밟는다.”라는 예언을 남겼는데 마조 도일은 실로 그 예언을 실현한 셈이었다.

마조 도일 선사의 조사선에서 가장 중요한 가르침은 즉심즉불(卽心卽佛), 즉 마음이 바로 곧 부처라는 것이다. 김품일이 선법(禪法)을 배우고자 찾아간 제안 선사는 바로 마조 도일 선사로부터 심인(心印)을 받아 법을 계승한 인물이었다. 제안 선사는 마조의 제자로 명성을 얻었으나 여기에 만족하지 않고 여러 지역을 다니며 백성을 교화하고 가르침을 펼쳤다. 그가 해창원에 주석한 것은 세수 일흔이 넘어서였다. 주지 법흔(法昕)이 해창원을 창건하고 제안 선사를 모셔 오자 사방에서 가르침을 구하는 사람들이 몰려왔다. 김품일도 제안 선사의 명성을 듣고 해창원으로 향한 것이다.

제안 선사가 고향에서 출가하여 사미계를 받고, 다시 지엄 율사에게 구족계를 받은 후 마조 도일 선사에게 법을 배웠다는 이야기를 들으며 김품일은 가슴이 뛰었다. 김품일 또한 출가는 고향에서 하고 구족계는 서라벌에서 받았으며 스승을 찾아 당나라까지 오지 않았던가. 김품일의 마음속에 제안 선사는 이미 스승이었기에 그는 한 치의 망설임도 없이 당당하게 해창원에 들어섰다. 하지만 신라에서 온 젊은 수행자를 바라보는 시선은 따가웠다. 김품일의 비범한 기색에 해창원의 스님들은 긴장했다. 김품일이 제안 선사가 머무는 전각을 향해 한 걸음씩 나아갈 때마다 해창원의 스님들 사이에서 고요한 소요가 일었다. 흘끗거리던 시선이 김품일과 마주치자 불안한 속내가 훤히 드러나는 것 같았다. 설마 또, 하는 두려움이 엄습했다.

"해동에서 온 비구로군."

"해동의 비구에게 우리의 법통이 넘어가지 않도록 정신을 바짝 차리세."

“우리가 엄연히 선배가 아닌가!”

“그래도 저는 걱정이 됩니다. 깨달음은 수행 기간과 무관하다고 스승님께서 말씀하셨잖습니까.”

“저 해동의 비구가 스승님의 질문에 답을 할 수 있을까요?”

“그것은 모를 일일세. 지금까지 스승님을 처음 뵈었을 때, 질문에 답을 한 이는 없었네.”

해창원 스님들의 날카로운 시선을 받으며 김품일은 제안 선사를 만났다. 김품일이 제자의 예를 갖추어 절을 하자 제안 선사가 물었다.

“어디서 왔느냐?”

회양 선사를 처음 만났을 때, 육조 혜능 선사가 던진 질문과 같았다.

“동국에서 왔습니다.”

김품일의 대답은 ‘숭산에서 왔다’고 했던 회양 선사와 닮아 있었다. 이에 제안 선사가 다시 물었다.

“수로로 왔느냐, 육로로 왔느냐?”

김품일은 스승의 질문이 자신의 의지와 그릇을 확인하기 위한 물음이라는 것을 알아차리고 대답했다.

“두 가지 길을 모두 밟지 않았습니다.”

순간, 제안 선사의 눈이 빛났다. 해창원 스님들은 숨죽여 스승의 다음 질문을 기다렸다. 아직 한 마디도 알아차리지 못했는데 어쩌면 여기서 문답이 멈출 수도 있었다. 만약 그렇게 된다면 다시 얼마나 공부를 해야 깨달음을 한 조각이라도 얻을 수 있을지 알 수 없었다. 숨결도 멈춘 것 같은 긴장감이 선원을 가득 채웠다. 제안 선사의 평온하고 날카로운 질문이 팽팽한 공기를 쓱 갈랐다.

"그 두 길을 밟지 않았다면 어떻게 여기에 이르렀는가?"

비로소 참았던 숨을 내쉰 스님들의 시선이 김품일에게 집중되었다. 그러자 김품일은 잠시 허공을 바라보았다. 방금까지 팽팽했던 공기는 제안 선사의 한마디에 사방으로 흩어졌다. 제안 선사와 김품일을 바라보는 스님들의 뜨거운 시선을 가르고 문밖에서 시원한 바람이 들어왔다. 그 순간, 부처님의 진신사리가 모셔진 오대산 봉우리가 눈앞에 펼쳐졌다. 동으로는 바다가 펼쳐지고, 서쪽으로는 당나라가 이어졌으나 부처님의 가르침이라는 넓고 깊은 삼천대천 세계에서 동과 서를 분별하는 것은 아무 의미가 없었다. 제안 선사의 질문에 오대산을 떠올린 김품일이 대답했다.

"해와 달에게 동과 서가 무슨 장애가 되겠습니까?"

"맞다, 해와 달에게 동과 서가 무슨 장애가 되겠는가!"

제안 선사가 껄껄 웃으며 무릎을 쳤다. 제안 선사의 제자들 사이에서 신음과도 같은 탄식이 터져 나왔다. 신라에서 온 젊은 비구가 한두 마디 문답으로 스승의 가르침을 받고 깨달음을 얻은 것에 대한 부러움이었다.

"그대의 법명이 품일(品日)이라 하였는가?"

"그렇습니다."

"그대의 그릇은 하늘과 태양을 담고도 남음이 있으니, 이제 부터는 '범일(梵日)'이라 하도록 하라. 옛 선사들께서 말씀하시길 해동에는 큰 인물이 많다고 들었는데 그대는 실로 해동의 대보살이로다."

김품일은 다시 자세를 단정히 하고 제안 선사에게 절을 올리고 말했다.

"제자 범일이 스승님을 뵙습니다. 제자가 한 가지 질문을 해도 되겠습니까?"

제안 선사가 미소로써 범일에게 대답했다. 범일이 물었다.

"어떻게 해야 부처를 이룰 수 있습니까?"

흩어졌던 해창원의 공기가 다시 얼어붙었다. 범일의 송곳 같은 질문에 해창원의 스님들은 입도 벙긋할 수가 없었고, 몸을 움직일 수조차 없었다. 하지만 제안 선사는 기쁨을 감출 수가 없었다. 범일의 질문은 육조 혜능 선사와 남악 회양 선사, 남악 회양 선사와 마조 도일 선사로 이어지는 문답을 닮아 있었다.

'닦아서 증득할 수 있는가?'
'닦아 증득하는 일은 있겠으나 더럽힐 수는 없습니다.'
'어떻게 해야 성불할 수 있습니까?'
'선은 앉거나 눕는 데 있지 않다.'

　제안 선사는 옛 선사들의 문답이 귓가에 울리는 것 같았다. 한편 해창원의 스님들은 온통 긴장하여 숨소리도 내지 못하고 있었다.

　‘어떻게 해야 부처를 이룰 수 있습니까?’

　수년 동안 스승을 모시고 공부를 하면서도 한 번도 입 밖으로 내 본 적 없는 질문이었다. 도를 이루고, 깨달음을 얻고자 하는 마음이 아무리 굴뚝 같아도 부처님이나 다름없는 하늘 같은 스승 앞에서 감히 묻지 못했었다. 그 질문을 오늘 처음 제안 선사를 뵙고, 이제 제자로 인정받은 신라의 젊은 비구가 던진 것이었다. 제안 선사는 빙그레 웃으며 제자들을 둘러본 뒤 말했다.

　“동빙 보살이 가르침을 청하였으니, 오늘 어떻게 해야 부처에 이를 수 있는지를 상세하게 일러줄 것이다. 다들 잘 들어라.”

　제안 선사와 범일의 대화를 지켜보던 해창원의 스님들은 모두 무릎을 꿇고 이마를 바닥에 댄 채 간절한 마음으로 가르침을 구했다. 스승의 가르침을 한마디라도 놓칠까 긴장한 나머지 바닥을 짚고 있는 손에서 경련이 일어나고 식은땀으로 등이 축축해질 지경이었다. 이윽고 제안 선사가 입을 열었다.

　“도는 닦을 필요가 없다.”

　‘도는 닦을 필요가 없다.’ 새의 솜털보다 가벼운 한마디 속에 삼라만상의 지혜가 담겨 있었다. ‘그렇구나! 닦을 필요가 없는 것이로구나!' 범일의 마음속에 깨달음의 빛이 환하게 켜졌다. 환희심이 차오르는 범일과는 달리 해창원 스님들의 눈빛은 사정없이 흔들렸다.

'부처에 이르는 법을 알려달라고 했는데 도를 닦을 필요가 없다니 무슨 뜻이란 말인가. 혹 잘못 들은 것일까. 너무 짧은 가르침이라 못 들은 것인가. 스승님이 무슨 말씀을 하시긴 한 것인가. 해동에서 온 젊은 스님의 얼굴을 보아하니 잘못 들은 것은 아닌 것 같은데, 스승의 짧은 가르침이 뜻하는 것이 무엇인지 도무지 알 수가 없다.'

제자들이 혼란스러워하는 것을 본 제안 선사가 범일을 보며 덧붙여 말했다.

"그저 더럽히지만 말라."

범일의 몸이 기쁨으로 떨렸다. 문득 오대산의 청정함이 온몸을 훑고 지나갔다.

"부처라는 견해, 보살이라는 견해를 짓지 말라. 평상의 마음이 곧 도이니라."

'이것이 바로 부처에 이르는 길이로구나.' 범일의 마음이 활짝 열리며 깨달음의 울림이 퍼져 나갔다. 마치 동과 서가 없는 오대산의 청정한 봉우리에 서 있는 것 같았다. 하늘에서는 깨달음의 꽃비가 내려오는 듯 사방이 향기로웠다. 평상의 마음이 곧 도이니 도처에 부처가 가득했다. 부처를 찾아 헤매지 않아도 앉은 자리가 곧 불국토였다. 벌떡 일어나 덩실덩실 춤이

라도 추고 싶은 마음을 가라앉히며 눈을 들어 허공을 바라보
았다.

환희에 찬 범일과 미소 짓는 스승을 보면서 스님들은 다음
법문을 기다렸다. 하지만 아무리 시간이 지나도 제안 선사는
아무 말도 없었다. 벅찬 환희와 감격이 지나간 후 범일은 자리
에서 벌떡 일어나 제안 선사에게 세 번 절을 올렸다. 범일의
절을 받은 제안 선사가 손을 들자, 제자들은 조용히 문을 닫
은 뒤 자신들의 처소로 돌아갔다. 범일과 함께 계단을 내려오
던 스님들이 걸음을 멈췄다. 계단에 선 범일은 스님들을 바라
보았다. 잠시 무거운 침묵이 흘렀다.

"…."

범일이 들어왔을 때 경계의 눈빛을 보냈던 스님들은 기운이
쭉 빠진 채 고개를 떨구고 있었다. 감히 이해할 수 없는 법문
을 스승과 나누며 심인(心印)을 받은 범일에게 질투조차 나지
않았다. 입술을 달싹거리던 한 스님이 용기를 내어 말했다.

"스승님의 가르침을 이해하셨다면, 우리를 지도해 주실 수
있겠소?"

그를 시작으로 스님들은 범일을 둘러싸고 가르침을 청했다.

"부디 이곳에 머물며 가르침을 주십시오."

"이곳에 머물며 우리를 지도해 주십시오."

"해창원에 계속 머물러 주실 수 있으십니까?"

조금 전까지 실의에 빠졌던 표정은 온데간데없이 범일을 바

라보는 스님들의 눈빛이 간절하게 빛나고 있었다. 범일이 미소를 지으며 합장하고 고개를 숙이자, 스님들의 입에서 기쁨의 탄성이 흘러나왔다.

"스승께서 말씀하시길, 깨달음을 얻는 것은 수행 기간과 무관하다고 하셨습니다. 이제부터 범일 스님은 우리의 사형이자 선배입니다."

"맞습니다. 범일 스님과 함께 열심히 수행하여 우리도 깨달음을 이룹시다!"

희망에 찬 스님들의 목소리로 해창원이 들썩였다. 제안 선사로부터 심인을 전수받은 범일은 스님들의 청으로 해창원에서 머무르게 되었다. 한편 스승의 허락을 받고 도반들의 수행을 지도하였다. 처음에는 부러움과 질투의 눈길로 범일을 보았는데, 수행을 시작하고 끝맺음에 한 치의 소홀함도 없는 범일의 자세에 해창원의 스님들은 혀를 내두르며 감탄사를 연발하였다. 또한 범일에게 가르침을 구할 때마다 막힘없이 법을 설하는 모습에 깊이 존경하게 되었다. 범일이 수행하는 모습은 선종의 정수 그 자체였다. 그렇게 해창원에서 머문 지 6년째 되던 842년, 제안 선사는 세수 아흔의 나이로 해창원에서 입적(入寂; 스님들의 죽음)에 들었다. 제안 선사의 다비가 끝난 후 범일은 해창원을 떠났다. 귀국하기 전 꼭 만나고 싶은 스승에게 가기 위해서였다.

오대산에서 온 맑은 바람

　범일이 찾아가고자 하는 스승은 유엄 선사였다. 그는 육조 혜능의 법맥을 이은 석두 희천 선사와 마조 도일 선사 모두에게 법을 배운 인물이었다. 마조 도일과 석두 희천은 선불교를 공부하는 수행자들 사이에서는 강서에 마조가 있고, 호남에 석두가 있다는 말이 널리 퍼질 정도로 당대 최고의 선지식이었다.

　육조 혜능 선사가 선불교를 새롭게 일으켰다면, 마조 도일은 조사선의 개조로서 강서성에서 많은 제자를 배출했다. 세상에 이름을 크게 떨친 기라성같은 선사들 가운데 마조 도일에게 선법을 배운 이들이 셀 수 없이 많았다. 제안 선사와 유엄 선사도 마조 도일의 제자였다. 마조 도일이 선문을 열고 구름처럼 몰려온 제자들에게 선법을 가르쳤다면, 석두 희천은 호남성 남악 형산의 돌 위에 암자를 짓고 좌선하였다. 유엄 선사는 석두 희천의 가르침을 받고 깨달음을 얻은 후 마조 도일을 찾아가 법을 배운 뒤 다시 석두 희천에게 돌아와 스승이 입적할 때까지 13년간 곁에서 시봉한 인물이었다.

마조 도일과 석두 희천은 범일이 태어나기 전 입적한 전설적인 고승이었다. 그로부터 30여 년이 지난 후 당나라에 유학한 범일은 선불교의 정통을 배워 정수를 깨우치고자 제안 선사를 찾았고 깨달음을 얻었다. 이미 스승으로부터 심인을 받았으나 범일은 유엄 선사를 만나 가르침을 구하고 싶은 마음을 내려놓을 수가 없었다. 유엄 선사가 석두 희천과 마조 도일 모두에게서 가르침을 받은 것처럼, 범일 또한 제안 선사와 유엄 선사에게 가르침을 받고 싶었다. 범일은 육조 혜능 선사의 법맥을 받은 마조 도일과 석두 희천의 가르침을 모두 배우고 깨우친 후 신라로 돌아가고자 서원했다. 유엄 선사를 만난 후에는 육조 혜능 선사의 진신탑에 참배하는 것으로 공부를 완성하는 것이 범일의 바람이었다.

절강성 해창원에서 유엄 선사가 머무는 호남성 자운사까지는 멀고 먼 길이었다. 호남성으로 가기 전, 범일은 홍주에 있는 개원사로 향했다. 개원사는 마조 도일이 가르침을 펼쳤던 곳이자 신라의 도의 선사가 수학했던 곳이었다. 범일은 마조 도일과 도의 선사의 자취가 담긴 홍주 개원사에서 참배하며 선불교를 일으킬 것과 공부를 모두 완성한 후 신라에 귀국하기를 발원하였다. 발원이 담긴 순례를 마친 범일은 마침내 호남성 자운사에 도착하였다. 범일을 본 유엄 선사는 스승 석두 희천과 선어(禪語)를 나누었던 지난날이 생각났다.

평온한 날이었다. 유엄이 바위 위에 앉아 있는데 스승이 그를 보고 물었다.

"그대는 여기에서 무엇을 하고 있는가?"

"아무것도 하고 있지 않습니다."

"그렇다면 한가롭게 앉아 있구나."

"한가하게 앉아 있다고 한다면 하는 것이 됩니다."

유엄의 당돌한 대답을 들은 희천 선사가 다시 물었다.

"그대는 아무것도 하고 있지 않다고 하였는데 또 무엇을 하지 않느냐?"

"전 녕의 성인들도 알지 못합니다."

유엄의 대답에 석두 희천은 덩실덩실 기뻐하며 게송으로 그를 칭찬했다.

예로부터 같이 살아도 이름을 몰랐거늘,
걸림 없이 간직하여 이렇게 수행하는구나.
옛 성현들도 알지 못하신 것을
하찮은 범부가 어찌 쉽게 밝히랴.

찰나의 삼매 속에서 과거의 스승을 만나고 온 유엄 선사가 범일을 보며 물었다.

"어디에서 왔는가?"

유엄 선사의 물음은 염관 선사와의 첫 만남을 떠올리게 했다. 범일은 해와 달, 동과 서를 논하는 대신 솔직하게 대답했다.

"최근 강서에서 왔습니다."

마조 선사가 가르침을 펼친 홍주 개원사를 참배하고 왔음을 말한 것이었다.

"무엇 때문에 왔는가?"

범일은 마음에 있는 바를 그대로 대답했다.

"화상(和尙)을 찾아서 왔습니다."

유엄 선사를 화상이라고 칭한 것은 그를 스승으로 생각한다는 깊은 존경의 마음이었다. 범일의 대답에 유엄 선사가 빙그레 웃으며 물었다.

"여기는 길이 없는데, 사리는 어떻게 찾아왔는가?"

유엄 선사가 말한 사리는 아사리를 의미했다. 아사리는 화상을 대신하여 비구를 교육하는 스승을 칭하는 말로 교수라는 뜻도 있었다. 범일이 유엄 선사를 화상이라 부르자, 유엄 선사 또한 범일을 아사리라고 부르며 그를 이미 깨달음을 이룬 후배로 보며 존중을 표한 것이었다. 감격한 범일이 대답했다.

"화상께서 다시 한 걸음만 나아가신다면 학인(學人) 또한 화상을 친견하지 못할 것입니다."

가르치는 사람(아사리)이 아닌 배우는 사람(학인)이라고 자신을 칭한 범일을 보며 유엄 선사는 감탄했다. 이미 선종의 정수를 깨우쳤을 뿐만 아니라 겸손함까지 갖춘 참 수행자임을 간파한 것이다. 유엄 선사를 찾아 제자가 되기를 청하는 수행자들이 많았다. 하지만 범일은 유엄 선사를 '화상'이라 칭하고, 자신을 '학인'이라고 부르며 아주 자연스럽게 유엄 선사를 스승으로 받들었다. 범일이 갖춘 청정한 풍모는 유엄 선사의 상수제자보다 뛰어났다.

어디서 이토록 청명한 바람이 불어오는가. 범일이 풍기는 맑은 바람은 해창원이나 개원사에서 온 것이 아니었다. 신라에서 온 것이 분명했다. 신라의 어디에 저토록 맑은 기운의 범일을 키워냈단 말인가. 유엄 선사는 감탄하며 말했다.

"참으로 기이하구나! 대단히 기이하도다! 밖에서 불어오는 청풍이 사람을 얼려 죽이는구나!"

밖에서 불어오는 청풍이란 오대산의 정기를 품고 온 범일을 의미했다. 범일을 알아본 유엄 선사는 그가 숱한 선승들을 능가하는 선법의 그릇임을 보고 칭찬하며 심법을 전했다. 제안 선사와 유엄 선사, 두 스승에게 법을 이어 받은 범일의 선풍은 훗날 그가 개창한 사굴산문으로 구체화되었다. 사굴산문은 낭원 개청, 낭공 행적 등 통일신라 말에서 고려 초에 이르는 뛰어난 제자들에 의해 계승되어 한국 선종의 매우 중요한 축을 형성하였다. 범일이 깨달은 선종의 핵심 가르침, 곧 '평상심이 곧 도'이며 '마음이 곧 부처'라는 심즉불사상은 단순한 교설이 아니라 수행으로 체득한 깨달음이었다. 이러한 선의 흐름은 고려 중기에 이르러 조계종의 중창조인 보조 국사 지눌에 의해 크게 융성하였다. 범일로부터 시작된 선맥(禪脈)이 지눌을 통해 체계화되고, 한국 불교의 중심 사상으로 자리 잡은 것이다.

범일의 가르침은 사굴산문 안에 머물지 않았다. 그의 정신은 대관령을 넘어 오대산의 산천과 만나 새로운 수행의 기운, 선불교의 바람을 불어넣었다. 범일이 연 사굴산문에서 비롯된 선불교의 정수가 오대산에 이미 뿌리내린 자장의 청정한 계율과 문수보살의 지혜, 화엄 신앙과 만나 선과 화엄이 서로를 비추는 장을 열었다. 범일이 뿌린 수행의 씨앗은 제자들의 법맥을 통해 이어졌고, 오대산에서 시공을 초월하여 또 하나의 사상적 지평을 넓혀 갔다.

이렇게 오대산은 중생들의 정신적 안식처이자 수행 도량이 되었다. 나라가 바뀌고 세상이 흔들리고 시대가 전환되는 순간에도 변함없이 수행 정신과 불법의 정맥을 지켜 왔다. 그리고 범일은 오대산을 불국토로 완성하기 위해 높은 선승의 자리에 머무르지 않았다. 그는 대관령의 성황신이 되어 백성들 곁에 남았다. 선승, 도인이 아니라 길목을 지켜 주는 수호신이 됨으로써 백성의 삶과 하나가 되었다. 유엄 선사가 범일을 두고 '참으로 기이하고 대단히 기이한 청풍'이라고 찬탄한 까닭도 바로 여기에 있을 것이다. 범일은 한 시대의 선지식에 머물지 않았다. 사람들의 삶 속에 스며들어 영원한 안식처가 되었다. 대관령국사성황신 범일 국사는 천년 세월을 넘어 지금도 오대산의 청정한 기풍과 생명 살림의 문화적 전통을 굳게 지키는 상징으로 남아 있다.

회창폐불

　범일이 당나라에 온 지도 어느덧 10년이 흘렀다. 그 사이 황제가 바뀌었고, 조정의 분위기가 변하면서 불교를 대하는 기류도 달라지기 시작했다. 840년 즉위한 제15대 무종(武宗, 재위 840~846)은 오랫동안 황실과 국정을 장악한 환관 세력을 견제하며 어느 정도 개혁 성과를 거두었다.

　그러나 개혁은 언제나 빛과 어둠을 함께 지니기 마련이다. 무종은 재상 이덕유를 중용하여 환관의 국정 개입을 제어했지만, 한편으로는 도교에 지나치게 깊이 빠져 있었다. 그는 도사 조귀진을 절대적으로 신임하여 그에게 관직을 주고 정치적인 권한까지 부여해 주었다.

　조귀진은 도교를 숭상하는 무종에게 불교 탄압을 강력히 건의하였다. 무종은 이를 받아들여 전국적으로 사찰과 사문을 대대적으로 탄압하고 불상을 훼손하였다. 이를 당나라 무종의 연호를 따서 '회창폐불(會昌廢佛)'이라고 부른다. 범일이 당나라에서 머문 마지막 시기는 바로 이 법난이 절정이었던, 불교와 승려에 대한 탄압이 극에 달했던 때였다.

무종 재위 5년째 되던 해인 845년, 전국으로 퍼진 폐불로 인해 장안에 있는 사찰을 제외하고 무려 4,600개가 넘는 사찰이 파괴되기에 이른다. 깊은 산중의 사찰 몇 군데 외엔, 도시와 마을에 있는 사찰 대부분이 훼손된 것이다. 황명을 내세우며 몽둥이와 횃불, 밧줄까지 들고 몰려온 관리들은 무뢰배나 다름없었다. 그들은 마구잡이로 사찰 법당의 불상들을 부수고 경전을 불태웠으며 전각들을 파괴했다. 범일은 10년이 넘는 긴 세월 동안 당나라에 머물면서 처음으로 겪는 법난의 고통 속에서 망연사실했다. 오래전부터 당나라에서 자리를 잡고 살아온 신라인들과 외국인들도 이런 일은 처음이라고 놀라워했다. 장보고의 후원으로 창건된 적산법화원도 이때 완전히 훼손되었다.

연간 쌀 500석을 수확하는 적산법화원의 재정은 안정적이었다. 덕분에 수백 명을 한꺼번에 수용할 수 있는 대규모 강당, 30명에 가까운 스님들과 이를 수용할 수 있는 승방(요사채), 불경을 보관하던 장경각, 식당과 창고 및 종루 등을 갖추고 있었다. 이곳에서는 여름과 겨울마다 신라의 방식으로 법회가 열렸다. 법회를 마칠 즈음에는 250여 명의 신라인들이 법석에 모일 정도였다. 즉 신라인들에게 적산법화원은 사찰 이상의 역할을 하는 신앙의 구심점이요, 마음의 고향이었다.

적산법화원에 대한 기록은 일본 스님 엔닌이 당나라에서의 구법 순례 과정을 서술한 견문록 『입당구법순례기』 권 제2에 등장한다. 엔닌은 일본 천태종의 개조이자 엔랴쿠지(延曆寺연력사)를 창건한 고승 사이초(最澄최징)의 제자로 835년 제17차 견당사에 임명되어 당나라로 구법할 기회를 얻었다. 하지만 풍랑으로 인해 배가 부서지는 바람에 두 번이나 실패하였고 838년, 마침내 엔닌이 탄 배가 당나라에 도착하였다. 구법 의지가 강했던 엔닌은 사신의 임무를 마친 후 당나라에 머물고자 요청하였으나 당나라 조정의 거부로 귀국선에 올라야 했다. 귀국 중 엔닌은 몰래 배에서 내렸으나 결국 발각되어 다시 귀국선에 탔다. 839년, 엔닌이 탄 귀국선은 바람이 불지 않아 바다로 나아가지 못했고 신라인들이 모여 사는 산둥반도의 적산에 도착하였다. 엔닌은 이곳에서 적산법화사에 대한 정보를 듣게 되었다.

[6월] 7일

낮 12시경에 북서풍이 불었으므로 돛을 올리고 나아갔다. 오후 2시경에서 4시경 적산(赤山)의 동쪽 언저리에 도착해 배를 정박시켰다. 북서풍이 더욱 세차게 불었다. 이 적산은 순전히 암석으로 된 높이 우뚝 솟은 곳으로, 곧 문등현 청녕향(淸寧鄉) 적산촌(赤山村)이다. 산에는 절이 있어, 그 이름을 적산법화원(法華院)이라 하는데 본래 장보고가 처음으로 세운 것이다. 오랫동안 장전(莊田)을 갖고 있어, 그것으로 절의 식량을 충당한다. 그 장전은 1년에 500석의 쌀을 거두어들인다.

이 절에서는 겨울과 여름에 불경을 강설하는데, 겨울에는 『법화경(法華經)』을 강설하고 여름에는 8권짜리 『금광명경(金光明經)』을 강설한다. 여러 해 동안 그것을 강설해 왔다. 남쪽과 북쪽에는 바위 봉우리가 솟아 있고 물은 법화원의 마당을 관통하여 서쪽에서 동쪽으로 흐른다. 동쪽으로는 멀리 바다를 바라볼 수 있게 터져 있고, 남쪽과 서쪽 그리고 북쪽은 봉우리가 이어져 벽을 이루고 있다. 다만 서남쪽은 비스듬히 경사지게 흘러내리고 있다. 지금 신라 통사 압아 장영(張詠)과 임대사(林大使) 그리고 왕훈(王訓) 등이 전적으로 맡아 관리하고 있다.

- 『입당구법순례기』 권 제2

하지만 화려한 규모를 자랑하던 적산법화원도 회창폐불을 피하지 못했다. 적산법화원의 파괴는 회창폐불 당시 불교와 외국인 승려에 대한 탄압이 극에 달했음을 보여 주는 예였다. 엔닌도 외국인 승려에 대한 박해를 피해 귀국을 서둘렀고 청해진을 거쳐 일본에 도착했다. 귀국 후 엔닌은 신라인들과 적산법화원에 보은하기 위해 '적산선원'을 건립하고자 했다. 하지만 끝내 완공을 보지 못한 채 864년 입적하였다. 그 후 엔닌의 제자들은 스승의 뜻을 지키기 위해 888년, 마침내 적산선원을 건립하였다.

엔닌이 835년 견당사로 임명될 때부터 847년 귀국하기까지의 여정을 총 4권의 책으로 담아낸 『입당구법순례기』는 당시의 정치·경제·사회·문화를 비롯하여 신라방과 장보고에 대한 상세한 내용으로 주목을 받는다. 회창폐불로 적산법화원이 훼손될 즈음 청해진의 막강한 재력과 군사력을 바탕으로 왕위 다툼에 본격적으로 관여하기 시작한 장보고는 정치적 이유로 염장에 의해 죽임을 당하게 된다.

수천 개의 사찰이 파괴되는 아비규환의 공포 속에서 스님들의 강제 환속과 귀국 조치가 이루어졌다. 사찰이 소유했던 장원을 압류하고 사찰에 소속된 노비들을 방출한 무종은 40세 이하의 사문은 환속하라는 칙령을 내린다. 1년 만에 20만 명이 넘는 스님들이 강제로 환속했다. 그러자 무종은 조치를 더욱 강화하여 환속 대상을 50세 이하의 사문으로 확대하였고 외국 국적의 사문은 추방하거나 강제로 귀국시켰다. 수백 명의 스님들이 머물며 경전을 외우고 법을 논하던 법상이 순식간에 먼지로 변했다. 익숙한 언어와 낯선 언어가 비명과 함께 흘러나왔다. 사찰이 파괴되고 불상이 훼손되는 현장을 온몸으로 목격한 범일은 거대한 폭력이 주는 압도적인 공포감에 숨이 막혀 왔다. 스님들은 눈을 감고 몸을 떨었다. 건장한 체

격의 관리들이 스님들을 끌고 나왔다. 명단을 확인한 관리가 젊은 스님들을 강제로 환속시켰다. 막강한 권력에 의해 절 밖으로 내동댕이쳐진 스님들은 삼엄한 감시를 받으며 고개를 떨군 채 사찰을 떠났다. 외국인 스님들은 따로 분류되었다. 가장 빠른 배에 태워 본국으로 송환하기 위해서였다.

처벌을 두려워한 백성들은 스님들을 돕지 못했고 탁발조차 금지되어 먹을 것을 구할 수 없었다. 범일은 외국에서 온 스님들을 집요하게 잡으러 다니는 관리들을 피해 깊은 산골짜기로 몸을 숨겼다. 사람의 그림자도 찾을 수 없는 곳에서 걸음을 멈춘 범일은 나무 둥치 아래 쓰러지듯 몸을 던졌다. 마지막 남을 힘을 모아 나뭇잎을 그러모아 몸을 가린 채 그대로 정신을 잃었다.

간신히 숨만 붙은 채 쓰러져 지내던 범일의 눈앞에 또다시 생생한 악몽이 펼쳐졌다. 활활 타오르는 경전을 보고 스님들이 통곡하고 있었다. 파괴된 불상의 파편들이 범일의 몸으로 쏟아졌다. 소스라치는 고통에 눈을 뜨면 활활 타오르는 불길이 보였다. 관군에게 거칠게 끌려 나온 스님들의 승복이 너덜너덜하게 찢겨 있었다. 몸이 쇠약해질수록 무력했던 순간들이 떠올랐다. 고통이 몸과 마음을 채우고 또 채웠다. 하늘과 땅만 존재하는 것 같은 깊은 산골짜기 속에서 범일은 시간의 흐름을 잊었다.

비가 오면 빗물을 마셨다. 땅에 떨어진 과일이 있으면 주워

먹었고, 없으면 이슬로 목을 축이며 주린 배를 채웠다. 산짐승들은 나무 아래에서 좌선하는 범일의 곁에서 노닐었다. 범일이 며칠씩 꼼짝도 하지 않으면 과일을 물고 오기도 했다. 범일이 목숨을 부지할 수 있었던 것은 부처님의 가피이자 하늘의 보우였다.

"헉!"

범일이 눈을 뜬 것은 새벽이었다. 이슬에 젖은 옷은 온통 축축했으나 입술은 마르다 못해 터져 있었다. 고요한 새벽달을 보며 범일은 천천히 몸을 일으켰다. 팔을 들어 축축한 옷을 입으로 가져갔다. 터지고 갈라진 입술에 물기가 닿자, 갈증이 몰려왔다. 범일은 옷에 있는 물기로 입안을 적셨다. 며칠째 아무것도 먹지 못해 앙상해진 몸에 툭툭 튀어나온 뼈가 만져졌다. 육신은 살아 있는 송장 같았으나 이상하게도 마음이 편안했다. 범일을 품어 준 숲과 나무들은 고향의 오대산을 떠올리게 했다.

비록 지금, 몸은 이곳에 있으나 정신과 육신이 돌아갈 곳은 오대산이라는 생각이 들었다. 그러자 두려움이 온전히 사라지고, 비로소 숲 소리가 들렸다. 숨소리, 새소리, 짐승의 발소리, 바람에 낙엽이 흔들리는 소리 그리고 졸졸 흐르는 물소리가 또렷하게 들려왔다. 감각이 깨어나자, 눈을 감고도 산과 숲의 모습이 보였다. 신기한 것은 눈을 감았다 뜰 때마다 오대산의 봉우리들이 다가오는 것이었다. 자장 율사의 초막인가? 오

대산을 탑으로 삼고 부처님의 진신사리를 모신 소박한 불단은
이 세상에 둘도 없는 아름다운 탑묘였다. 꿈속에서 오대산 중
대에 올라 샘물을 마시려는 순간, 범일은 눈을 떴다. 눈 깜짝
할 시간이 지난 것 같은데 해가 중천에 뜬 한낮이었다. 지독하
게 목이 말랐다.

　범일은 물소리를 찾아 더 깊은 산속으로 들어갔다. 휘청거
리는 걸음으로 냇물을 발견한 범일은 물가에 엎드려 정신없이
물을 마셨다. 달고 시원한 물이 목을 타고 꿀꺽꿀꺽 넘어가니
피가 돌고 살이 솟는 것 같았다. 목을 축이고 얼굴을 씻은 뒤
냇물에 비친 모습을 물끄러미 바라보니 해골에 가죽 한 겹만
뒤집어쓴 것 같은 사내가 보였다. 맑은 물을 마시고 기운을 차
린 범일은 평평한 바위를 찾아 그 위에 앉았다. 숨 한 번을 내
쉬는 사이 범일은 삼매에 들었다. 호흡 한 번에 범일은 산을
가뿐하게 넘고 한걸음에 바다를 건너 고향으로 갔다.

　"어디서 왔느냐?"

　스승의 목소리가 들렸다. 목소리를 따라가니 오래전 입적에
든 스승이 해창원이 아닌 오대산에 앉아 청정수로 우려낸 차
를 마시고 있었다. 범일을 본 스승이 빙그레 웃으며 물었다.

　"수로로 왔느냐, 육로로 왔느냐?"

　범일의 몸이 두둥실 떠올랐다. 범일은 오대산 정상의 허공
에 서서 사방을 바라보았다. 해와 달도, 동과 서도 없는 온전
한 허공이었다. 어느새 스승도 범일 곁에 서 있었다. 스승의

뒤로 하얀 구름과 환한 햇살이 가득했다. 범일의 뒤에는 밤하늘의 은하수가 펼쳐져 있었다. 범일은 스승을 마주보며 말했다.

"해와 달에게 동과 서가 무슨 장애가 되겠습니까?"

"해와 달에게 동서의 장애가 없듯이, 깨달음에도 경계가 없다. 그러니 동국으로 돌아가 불법이 흥할 자리를 찾아 계율을 세우고 법을 펼치라."

말을 마친 스승은 사라졌다. 범일은 구름 위에서 오대산을 내려다보았다.

세상과 닿아 있으나 세속의 욕망이 닿지 못하는 곳, 탐진치의 불길은 가라앉히고 속세의 비명을 스러지게 하는 곳, 신령과 불보살이 공존하는 곳 오대산이었다. 죽음 앞에서, 해와 달이 되어 동과 서를 건너 오대산을 본 범일은 서원하였다.

"이곳이다. 이곳에서 계율을 세우고 법을 펼치면 천 년 동안 부처님의 가피가 마르지 않으리라! 만약 굴령(대관령)을 다스리는 수만의 신령을 교화할 수 없다면 신령 중 으뜸이 되어서라도 오대산에서 불법을 펼치리라!"

얼마나 시간이 지났을까. 선정에 든 채 꼼짝도 하지 않던 범일의 몸이 미세하게 떨려 왔다. 범일의 귀에 또렷한 신라말이 들렸다.

"…합니다!"

낯선 음성에 담긴 익숙한 고향의 말에 몸이 반응했다. 굳어진 몸을 움찔한 범일은 무거운 눈꺼풀을 들어올리기 위해 안간힘을 썼다.

"떠나야 합니다!"

처음 보는 사람이 범일을 향해 외쳤다.

"이제 떠나야 합니다!"

그 순간 범일은 눈을 번쩍 떴다. 얼마 만에 깨어난 것인지 알 수 없었다. 천천히 손을 움직이자 푸드덕거리는 날갯소리와 후다닥 이름 모를 짐승의 발소리가 들렸다. 한나절이 걸려서야 몸을 일으킨 범일을 본 새가 과일을 물어다 주었다.

"소주에 가서 육조 혜능 선사의 탑을 참배하고 신라로 돌아가리라."

마조 도일과 제안 그리고 유엄은 모두 남종선의 개조인 육조 혜능 선사의 법맥을 이은 선사이자 스승이었다. 육조 혜능 선사의 탑묘에 참배하는 것은 구법의 완성이자 스승들에게 배운 가르침을 고하고, 장차 신라로 돌아가 선법을 펼칠 것을 다짐하는 회향이었다.

846년, 산을 나온 범일의 마음은 구름처럼 가벼웠다. 티끌만큼의 번뇌도 남지 않았다. 육조 혜능 선사 진신탑을 향해 한 걸음씩 걸어가는 동안, 무종이 승하하였다. 도사 조귀진의 말만 믿고 장수를 돕는다는 단약을 지나치게 복용한 것이 원인이었다. 지독하고 가혹했던 회창폐불은 무종의 죽음과 함께 흐지부지되었다.

847년, 범일은 마침내 조계산 보림사에 도착했다. 범일이 진신탑을 참배하려는데 하늘을 날던 학이 내려와 반가운 듯 소리를 냈다. 학의 날갯짓을 본 범일은 미소를 지었다. 신령한 학의 울음소리에 놀란 스님들과 대중들이 참배를 이어 가는 범일의 주변에 모여 들었다. 그 순간 진신탑 앞에 향기로운 구름이 서렸다. 이 모든 상서로운 광경의 주인공은 범일이었다. 스님들과 대중들은 감탄하며 말했다.

"이러한 상서는 실로 처음 있는 일이다. 필시 선사께서 오신 징조가 분명하다."

육조 혜능 선사 진신탑 참배를 마친 범일은 마침내 신라로 귀국하였다.

귀국

847년 초가을 당나라에서 출발한 범일이 하곡현(울산)에 도착했을 때, 계절은 이미 겨울에 접어들고 있었다. 범일의 발걸음은 자연스럽게 금성으로 향했다. 서라벌에서 구족계를 받은 범일은 사신단과 함께 당나라로 갔다가 18년 만에 돌아온 것이다. 아무리 왕이 여러 번 바뀌었다 하여도 왕실로부터 받은 은혜를 모른 척할 수는 없었다. 이미 선승의 위의를 갖춘 범일이 금성에 도착하자 왕은 그를 정중히 예우하였다.

'온화함으로 가렸을 뿐 임금의 마음은 독 안의 쥐처럼 떨고 있구나.'

범일이 귀국했을 때 신라는 제46대 문성왕이 다스리고 있었다. 문성왕의 환대를 받으며 입궁한 범일은 위태로운 왕실의 상황을 한눈에 알 수 있었다. 지난해 반란을 수습하고 하나뿐인 왕자를 태자로 책봉한 왕실은 겉으로 보기엔 안정되어 보였다. 하지만 범일은 왕의 얼굴에서 불안함과 초조함을, 아직 어린 태자의 얼굴에서는 피할 수 없이 짙게 드리워진 죽음의 그림자를 보았다. 왕의 곁에는 막강한 권력을 휘두르는 이찬 김양이 있었다. 명주 군왕 김주원의 후손인 그는 문성왕이 장보고와의 약속을 깨뜨리고 청해진을 폐쇄하게 만든 장본인이었다. 왕위에 오른 후 하루도 편히 잠든 적이 없던 문성왕은 잠시라도 범일에게 기대고 싶었다.

"대사, 왕궁에 머물며 나와 태자에게 가르침을 주실 수 있겠소?"

"송구하오나 폐하, 소승은 해야 할 일이 있습니다. 부디 이해해 주십시오."

범일의 정중한 거절에 이찬 김양은 미소를 지었고 문성왕은 고개를 떨궜다. 왕궁의 공기가 무겁게 가라앉았다. 숨이 막혀 왔다. 피로 얼룩진 인과의 고리와 끝없는 윤회의 굴레 속에서 왕실의 원한이 얽히고설킨 실타래처럼 운명을 조여 오고 있는 모습이 그려졌다. 고통을 끊어내는 방법은 오직 수행을 통한 깨달음에 있는데, 문성왕은 위로와 위안만을 원했다. 하지만 몇 마디 위로로 바뀌는 것은 아무것도 없었다. 오히려 더 큰 실망과 허무함만 찾아올 뿐이다.

젊은 날, 청정한 기풍만으로도 사람을 수행으로 이끌어 준다는 칭송을 받았던 범일이었다. 하지만 말이 필요한 곳일수록 말을 아껴야 했다. 범일은 조만간 닥쳐올 비극과 슬픔이 생생하게 보이는 궁궐에 머물 수가 없었다. 문성왕의 간곡한 청을 거절하고 왕궁을 나오며 범일은 숨을 크게 내쉬었다. 왕궁 안과 밖의 공기조차 달랐다.

"이 피맺힌 원한은 결코 쉽게 풀리지 않겠구나!"

문성왕은 제45대 신무왕의 아들로 적장자가 왕위를 계승한 드문 경우였다. 하지만 왕권도, 정세도 무척 불안정했다. 제42대 흥덕왕 승하 후 왕위 다툼에서 밀려난 김우징은 청해진으로 가서 장보고에게 몸을 의탁했다. 치열한 전투 끝에 왕위를 차지한 제43대 희강왕은 얼마 후 내부의 반란으로 스스로 목숨을 끊었고, 반란을 일으킨 김명이 제44대 민애왕으로 즉위했다. 청해진에서 숨을 고른 김우징은 왕실이 혼란스러운 틈을 놓치지 않고 장보고의 군사를 빌려 민애왕을 제거하고 왕위에 올랐다. 그가 바로 제45대 신무왕이다. 신무왕은 즉위 반년 만에 세상을 떠났고 신무왕의 아들 김경응이 즉위하니 그가 바로 제46대 문성왕이다. 고작 3년 사이에 왕위의 주인이 네 번이나 바뀐 것이다.

문성왕은 즉위하자마자 천금보다 무거운 정치적 부담을 떠안아야 했다. 그것은 아버지 신무왕이 장보고와 했던 약속이었다. 신무왕은 장보고에게 군사를 빌리는 대가로 왕위에 오르면 장보고의 딸을 태자비로 삼겠다고 약조했다. 그러나 신무왕이 재위 7개월 만에 승하하면서 상황은 달라졌다. 약속은 그대로 남았고, 이행해야 할 책임은 고스란히 문성왕에게 돌아왔다. 문성왕은 장보고의 딸을 태자비가 아닌 왕비로 맞이해야 하는 처지에 놓인 것이다.

왕실의 혼인은 백성의 혼인과 달랐다. 특히 신라의 왕과 왕비는 서라벌 출신으로 골품을 가진 귀족들만이 오를 수 있는 자리였다. 골품 질서는 곧 정치 질서였고, 왕실의 혼인은 곧 귀족사회의 균형과 직결된 사안이었다. 귀족들은 장보고의 딸이 왕비가 되는 것에 반발했다. 그중 가장 거세게 반대한 이는 귀족들의 수장인 이찬 김양이었다. 그는 신무왕과 문성왕을 보좌해 온 충신이었지만, 동시에 귀족 세력을 대표하는 인물이었다.

문성왕은 충신과 귀족사회의 관습을 무너뜨릴 수도 없었고, 그렇다고 부왕의 선약을 저버릴 수도 없는 난처한 상황이었다. 하지만 장보고와의 혼약은 결국 왕위에 오르기 전에 했던 약속일 뿐이었다. 문성왕은 서라벌 귀족들의 뜻에 따라 김양의 딸을 왕비로 맞이했다. 이에 장보고는 분노했고, 문성왕은 보복이 두려워 몸을 떨었다. 이때 이름 없는 장수 염장이 공포에 질린 문성왕을 찾아와 자신이 장보고를 처리하겠노라고 말했다.

"궁복(장보고)은 조정이 벌할 수 없는 사람이다. 또한 나와 선왕은 궁복의 은혜를 입었다. 궁복이 얼마나 강력한지는 내가 안다. 그를 제거하는 것은 쉽지 않은 일이다. 이 어려운 일을 자처하니 기특하면서도 걱정이 되는구나. 원하는 것이 있느냐?”

“저는 궁복과 반대로 조정의 부림을 받는 사람이 되길 원하옵나이다. 조정에서 저를 받아만 주신다면, 대왕마마께서 저를 믿어만 주신다면 맨손으로 궁복의 목을 베어서 바치겠나이다.”

한눈에 보기에도 기골이 장대한 염장은 믿음직했고 그의 말은 더욱 달콤했다. 문성왕이 내심 기뻐하며 허락하자 염장은 거짓으로 문성왕을 배반한 척하고 청해진으로 갔다. 염장이 마음에 든 장보고는 그의 청해진 합류를 환영하며 연회를 베풀었다. 밤이 깊어 연회 자리가 한창 무르익었을 때 염장은 기회를 노려 칼을 뽑았고 단번에 장보고의 목숨을 끊었다.

염징이 성공했다는 소식을 들은 문성왕은 청해진을 폐쇄했다. 장보고가 죽자, 청해진의 부하들은 염상에게 굴복하였고 청해진에 살던 백성들은 벽골제(김제)로 강제로 이주시켰다. 강력한 군사력으로 해상 무역을 장악해 온 청해진은 장보고의 죽음으로 석 달 만에 무너졌고 신라의 바다는 다시 해적의 소굴이 되었다.

장보고가 바다를 평정한 시기에 당나라로 향했던 범일은 장보고가 죽고 청해진이 무너진 이듬해, 신라로 돌아왔다. 흥륜사에서 그간의 이야기를 듣게 된 범일은 금성에 오래 머무를 수 없다는 결론을 내렸다. 귀국하기 전, 당나라에서 회창폐불을 겪으며 죽음의 문턱까지 다녀왔던 범일은 신라로 돌아와 해동에서 부처님의 법을 일으키리라 굳게 다짐하며 귀국했다. 하지만 끝없는 왕위 다툼, 권력을 차지하기 위한 배반과 죽음으로 얼룩진 서라벌은 또 다른 핏빛 무간지옥이었다.

인과와 응보

범일이 흥륜사에 머문 지 한 달이 조금 지났을 무렵, 시자가 찾아와 조용히 소식을 전했다.

"스님, 스님을 뵙고지 하는 사람이 있습니다."

"그래, 모셔 오거라."

범일은 빙그레 미소를 지었다. 이내 미간에 주름이 깊은 노보살과 중년의 귀족 남성이 범일을 향해 걸어왔다. 이들은 범일을 보자 합장하고 고개를 깊이 숙이며 예를 갖췄다.

"왕자님, 그동안 잘 지내셨는지요."

"저를 기억하고 계셨습니까?"

"물론입니다."

"참으로 뵙고 싶었습니다, 스님."

남자는 반가움을 감추지 못했다. 범일을 찾아온 손님은 김의정과 그의 어머니 조명부인이었다. 김의정의 원래 이름은 '의종'으로 범일이 당나라에 가기 전부터 인연이 있었다. 김능유가 익사한 후 왕실에서 중요한 직책을 맡기 시작한 김의정에게 범일은 때를 기다리며 다툼을 피하라고 조언하였다. 그 후 김의정은 사신을 자처하며 범일을 비롯한 스님들과 함께 당나라에 갔고, 지금까지 왕위 다툼에서 멀찍이 떨어진 채 지내왔다. 당나라에 가기 전, 몇 마디 말을 나누고 헤어진 후 다시 만난 적이 없으니 거의 20년 만의 재회였다. 조명부인이 범일을 향해 합장 인사 후 나직하게 말했다.

"아들에게 이름을 바꾸라고 권유하셨다던 스님의 이야기를 들은 적이 있습니다. 스님 덕분에 젊은 날 혈기를 누르고 왕위 다툼을 피하여 목숨을 부지할 수 있었습니다. 이제야 감사하다는 인사를 올립니다."

"당시 왕자님은 중책을 맡아 많은 이의 주목을 받고 계셨습니다. 왕자님의 이름에 들어 있는 '종(琮)'은 왕을 의미하기에 행여 빌미가 될까 하는 노파심에 조심스럽게 말씀드렸을 뿐입니다."

"아닙니다. 그때 스님의 조언을 들을 수 있어 참으로 다행이라 생각했습니다."

갑자기 조명부인이 울음을 터트렸다.

"스님, 저는 하루하루가 너무도 괴롭습니다. 잠도 오지 않고, 음식도 넘어가지 않습니다. 이 괴로움이 도대체 언제 끝날지 모르겠습니다. 왕위 다툼을 피해도 괴로움은 끝나지 않습니다."

"울고 싶을 때는 펑펑 우십시오. 때로는 눈물이 약이 되기도 합니다."

김의정의 하인들이 가져온 콩과 쌀이 넉넉하게 공양간을 채우고 있는 것을 본 시자가 눈치껏 미리 단속을 한 것인지 범일이 머무는 전각 쪽으로는 사람 그림자도 없었다. 한참을 울고 난 조명부인이 마침내 마음이 정리된 듯 눈물을 닦았다. 범일은 따뜻하게 끓인 차 한 잔을 조명부인 앞에 놓았다.

"시주께서 큰 각오를 하고 어려운 발걸음을 하셨으니, 소승은 그저 듣겠습니다. 목부터 축이시고 천천히 말씀하십시오."

"송구합니다. 스님. 말씀만으로도 큰 위안이 됩니다."

조명부인은 아들의 손을 꼭 잡으며 겨우 입을 열었다.

"제 아버지는 욕심이 많은 사람이었습니다. 왕위에 오르지 못하자 자식들은 장기말 삼아 권력에 가장 가까운 사람과 혼인시켰지요. 아버지는 형부와 저를 혼인시켰습니다. 같은 남편을 둔 언니와 저는 점차 남보다 못한 사이가 되었습니다. 그래도 아버지를 벗어나면 괜찮을 줄 알았는데 남편은 아버지보다 훨씬 더 자신만만하고 야망이 컸습니다. 10여 년 전, 흥덕왕께서 승하하기 직전 남편은 군사를 이끌고 궁으로 들어갔습니다. 그때 무기를 휘두르며 남편을 저지한 것이 남동생이었습니다."

"흥덕왕께서 살아 계실 때, 남편과 남동생이 군사를 일으켰으니… 반란이었군요."

"당시 흥덕왕께서는 승하하실 때까지 후계를 정하지 못하셨기 때문에…."

"그렇다고 하여 반란이 아니라 할 수는 없을 것입니다."

"…."

"계속 말씀하시지요."

억울함을 토로하던 조명부인의 등에서 식은땀이 흘렀다. 지금까지 권력을 잡지 못했기에 아무도 주목하지 않았을 뿐, 그녀는 반역자의 딸이자 반역자의 누이이며 반역자의 아내였다. 마른침을 꿀꺽 삼킨 조명부인은 다시 입을 열었다.

"결국 남동생이 제 남편을 죽이고, 제륭(제43대 희강왕)을 왕으로 세우고 실권을 장악했습니다. 남동생과 동복 남매인 여동생이 왕비가 되었지요. 그리고 선왕(제45대 신무왕)은 장보고에게 의탁하였습니다."

"시주님께서는 궁에 남으셨습니까?"

"궁을 떠나면 남동생이 배반이라고 여길까 두려웠고, 남동생의 손에 목숨을 빼앗길까 두려웠습니다. 왕위에 욕심이 없다는 것을 보여 주려면 차라리 서라벌에 머무는 것이 낫다고 생각했지요."

"남편의 원수에게 의탁하셨군요."

"남편은 이미 패배하여 죽었고 남동생이 세운 새로운 왕이 즉위했으니 다 되었다고 생각했습니다. 순진한 생각이었지요."

"허수아비 왕을 내세운 사람의 목적이 왕이 되는 것임을 진정 모르셨습니까?”

“어떻게 아셨습니까. 1년 후, 남동생은 희강왕을 압박하여 스스로 목숨을 끊게 하고 왕위를 차지했습니다.”

“칼과 활만 사람을 죽이는 건 아닙니다. 칼날이 다가오기 전 스스로 목숨을 끊었다면 그 두려움이 얼마나 컸겠습니까.”

“왕위에 오른 대가였겠지요.”

“진실로 그렇게 생각하십니까?”

조명부인이 잠시 생각에 잠긴 사이, 김의정이 범일에게 말했다.

“희강왕에게는 왕자가 있었습니다. 그의 이름을 아십니까?”

“…”

“바로 ‘김의종’입니다.”

‘의종’이라는 이름을 말하는 순간, 조명부인은 몸에 소름이 돋았다. 범일이라는 천운을 만나지 못했더라면 아들이 살아 있지 못할 수도 있다는 생각이 들었다.

“결국 남동생은 왕위(제44대 민애왕)에 올랐습니다. 그날부터 아들과 저는 두려움에 떨었습니다. 아무리 몸을 굽히고 낮춰도 왕위에 위협이 되면 언제든지 죽을 수 있는 목숨이라는 것을 알았습니다. 부디 남매의 정(情)을 잊지 말아 달라는 마음을 담아 아들의 이름 ‘의종(義琮)’을 ‘의정(誼靖)’으로 바꿨습니다. 그런데 얼마 지나지 않아 청해진에 있던 선왕(제45대 신무왕)이 장보고에게 빌린 군사를 이끌고 나타났습니다. 선왕은 민애왕이 희강왕을 살해했다는 거짓 명분을 내세워 금성을 공격했습니다. 결국 남동생은 선왕의 손에 죽었고, 기어코 왕위를 차지한 선왕도 반년 만에 급사하였습니다.”

“그런데 시주님은 무엇이 그토록 억울하십니까?”

범일의 물음에 조명부인은 한숨을 내쉬며 허공을 바라보았다.

“살아서 왕위에 오르지 못했던 아버지도, 남편도 결국 왕이 되었습니다. 생전에 움켜쥐려 했던 꿈을 죽어서라도 이룬 것이지요. 하지만 제게 남은 것은 긴 세월 아등바등 지켜 온 목숨밖에 없습니다. 이룬 것도 없고, 얻은 것도 없습니다.”

“이룬 것도 없고, 얻은 것도 없다. 정녕 그렇습니까?”

“끝없는 원망과 분노가 저를 가득 채우고 있습니다. 불행을 피하려고 그토록 애쓰며 살아 왔는데 왜 이토록 불행한 것입니까?”

“시주께서는 원치 않는 척했으나 실은 누구보다 원했기 때문입니다.”

“네? 저, 저는 ….”

“시주께서는 늘 그들에게 내 것을 빼앗겼다고 여겼겠지요.”

“…!”

“남편에게 등을 돌리고 왕궁에 남았으나 왕의 누이로 얻을 수 있는 것은 아무것도 없었을 겁니다. 아버지도, 남편도 야망이 커서 불행했다고 하지만… 가장 욕심이 큰 이는 시주가 아니었습니까? 왕비가 되고 싶으셨습니까?"

"그게 무슨…."

"왕비가 되고 싶어 언니의 남편과 혼인한 것입니까?"

"그건…."

"원치 않는 다툼으로 인해 세상을 떠난 이들에 대한 사랑과 연민 때문에 고통스러운 것입니까, 시주의 뜻대로 이루어진 것이 없어 불행한 것입니까?"

"…."

조명부인은 입이 바짝 말랐다.

"아드님이 왕이 되길 바라십니까?"

"…!"

"스님!"

김의정이 주위를 두리번거리며 목소리를 낮췄다. 하지만 범일은 계속해서 조명부인을 똑바로 보면서 물었다.

"아들이 왕위에 올라 왕의 어머니가 되는 것이 시주의 마지막 소원입니까? 왕의 어머니가 되는 것이 오랜 기다림에 대한 보상이라 생각하십니까?"

"차마 제 입으로 꺼내지 못한 말이었습니다. 그렇습니다. 제 아들이 왕위에 오르길 바랍니다."

말을 마친 조명부인은 아들 김의정에게 쓰러지듯 몸을 기댄 채 흐느꼈다.

"모든 것은 마음에 달려 있습니다. 마음 한 자락을 바꾸면

지옥도 극락이 되는 것입니다. 지금 시주와 왕자께서는 여기 계시고 다른 분들은 모두 세상을 떠났습니다. 세상의 떠난 이들 중 아무 대가 없이 원하는 것을 가진 사람은 없습니다. 그러니 억울함과 원한을 내려놓고 떠난 분들은 이제 시주의 마음에서 그만 보내드리십시오. 그리고 시주의 삶을 살아가십시오."

"정말 그러고 싶습니다. 원한도, 미움도 다 내려놓고 싶습니다. 어떻게 하면 되겠습니까. 제발 가르침을 주십시오, 스님."

"세상을 떠난 이들 중 가장 미워했고, 가장 원망했고, 가장 부러워했던 이들을 위해 향을 올리고 절을 하십시오. 향을 올리고 절을 할 때, 화가 나거나 억울하거나 그들을 부정하고 싶은 마음이 일어나면 그 생각을 따라가지 말고 생각을 멈추십시오. 일어났거나 일어나려 하는 감정들을 그대로 놓아두십시오. 그렇게 하다 보면 마음이 편안해지는 날이 올 겁니다. 그때까지 계속 향을 피우고 절하십시오."

"그리하겠습니다."

범일의 잔잔한 위로가 벼락처럼 가슴을 내리쳤다. 김의정은 기진맥진한 조명부인을 등에 업고 범일의 처소를 나왔다. 응어리를 풀어내서였을까 조명부인의 몸은 아이처럼 가벼웠다.

"어머니의 몸이 이처럼 가벼운 줄 몰랐습니다. 어린아이를 업은 것 같습니다."

"오래전, 어떤 왕자께서도 어머니의 몸이 어린아이처럼 가벼웠다고 한 적이 있습니다.”

“그분이 누구인지 여쭤봐도 되겠습니까?”

“흥덕왕과 장화부인의 아들, 김능유 왕자님입니다.”

“…!”

김의정은 잠시 말을 잃었다. 범일은 김의정과 함께 일주문까지 조용히 걸었다. 조명부인을 수레에 태운 김의정은 범일을 향해 고개를 깊이 숙였다. 범일이 말했다.

“가슴에 새겨진 원한을 내려놓는 것은 가슴을 도려내는 것보다 힘든 일입니다. 시주께서 오늘 해묵은 이야기를 풀어놓았으니, 마음이 한결 가벼워지실 겁니다.”

“어머니께서 편안하게 잠드신 모습을 정말 오랜만에 보는 것 같습니다. 감사합니다, 스님.”

“어머니의 염원은 이루어질 것입니다.”

조명부인의 염원은 아들이 왕위에 오르는 것이었다. 범일의 말을 듣고 김의정은 벌어진 입을 다물지 못한 채 한동안 서 있었다. 김의정이 붉어진 눈으로 범일에게 큰 절을 세 번 올렸다.

“스님의 말씀이 이루어지는 날, 제가 스님을 국사로 모실 것입니다. 하늘에 맹세하겠습니다. 제게 자식이 있다면 제 자식들도 스님을 국사로 모실 것입니다.”

김의정은 범일이 자리를 뜬 후에도 합장한 채 연신 고개를 숙였다. 한참이 지나서야 김의정은 흥륜사를 나섰다. 벌써 어두워진 밤하늘에 온통 별이 가득했다. 별들이 가슴으로 쏟아지는 것 같은 느낌에 김의정은 환희로웠다.

그날 이후 조명부인은 선왕의 극락왕생을 빈다는 명분으로 흥륜사에서 아버지 김충공과 남편 김균정, 남동생 김명을 위해 향을 피우고 기도를 올렸다. 범일에게 귀의한 후 조명부인의 얼굴은 점점 밝아졌다. 김의정은 종종 남들의 눈을 피해 범일을 찾아와 많은 대화를 나누었다. 어느 날 범일은 김의정에게 왕을 뵈러 갈 때는 어머니와 함께 가라고 말해 주었다. 사실 조명부인과 문성왕은 하루아침에 풀릴 수 있는 관계는 아니었다. 하지만 두 사람 사이에서 흐르는 공기는 분명 전보다 부드러워졌다.

문성왕의 모든 관심은 어린 태자에게 쏠려 있었다. 그는 태자가 온전하고 무사하게 왕위에 올라 성군이 되는 것이 삶의 유일한 목표인 것처럼 태자에게 집착했다. 그래야만 왕위를 지키기 위해 쌓은 업보가 씻겨나갈 것 같았다. 문성왕은 조명부인의 맑은 얼굴과 단아한 기품을 갖춘 의정을 보면서 범일의 법력이 남다르다는 것을 알았다. 그는 매년 범일을 불러 태자의 스승이 되어 달라고 청했으나 범일은 한사코 거절했다. 하지만 계속 피할 수는 없었다.

3 장

오대산 아래 사굴산문이 열리다

다시 오대산으로

850년, 세 번째로 문성왕의 부름을 받은 범일은 서라벌을 떠나 박달산으로 거처를 옮겼다. 금성에서의 3년은 짧고도 길었다. 국사가 되고 태자의 스승이 되는 것은 사문들이 대부분 꿈꾸는 자리였다. 하지만 이미 인과와 윤회를 본 범일이 할 수 있는 것은 문성왕과 태자의 귀의를 받아 주는 것뿐이었다.

범일이 금성을 떠난 것은 현실을 외면한 것이 아니었다. 더 정확하게 현실을 보기 위해서였다. 수행에 집중할수록 현실을 바라보는 지혜를 얻을 수 있었다. 범일은 천년만년을 이어서 부처님의 가르침을 전할 수 있는 곳을 찾아야 했다. 금성에는 높고 웅장한 사찰들이 많았으나 불교의 정수를 이어 나갈 곳을 찾을 수 없었다.

범일은 부처님의 가르침으로 울타리를 세우고, 청정한 수행자들과 불보살들이 함께 가람을 닦을 인연 터를 발원했다. 기도를 하면서 오대산으로 돌아가야겠다는 결심이 선명해졌다. 기도를 시작한 지 100일째 되던 날, 박달산으로 한 사람이 찾아왔다. 자신이 명주 도독 김공의 사람이라고 소개한 그는 범일을 보자마자 큰절을 올린 뒤 공손하게 말했다.

"스님, 저는 명주에서 온 사람입니다. 저를 보내신 분은 명주 도독이신데, 스님께서 왕사와 국사의 자리를 모두 거절하고 떠나셨다는 이야기를 듣자 크게 기뻐하시며 스님의 자취를 찾으라고 하셨습니다. 수소문 끝에 박달산에 머물고 계시다는 이야기를 듣고 제게 스님을 꼭 모시고 오라고 분부하였습니다."

"도독께서 다른 말씀은 없으셨습니까?"

"도독께서는 스님이 굴산사에 주석하시길 간절히 청한다고 하셨습니다."

"굴산사는 오대산과 거리가 어떻게 됩니까?"

"매우 가깝습니다. 굴산사는 오대산 자락에 있는 도량입니다. 도량 안에 오대산에서 흘러온 물이 모이는 석천도 있습니다."

참으로 놀라운 인연이었다. 범일의 어머니는 석천에서 물을 마시고 그를 잉태했다. 명주 도독 김술원은 아버지 없이 태어난 범일에게 성(姓)과 가문을 주고 그의 성장기에 내내 든든한 울타리가 되어주었다. 열다섯 살에 오대산을 떠난 지 20여 년이 지나 다시 범일을 오대산으로 청한 이는 명주 도독이었고,

범일에게 주지가 되어달라 청한 굴산사는 석천을 품고 있었다. 이 모든 것을 어찌 우연이라 할 수 있겠는가. 오대산으로 돌아가 불국토를 완성하겠다는 범일의 간절한 서원에 오대산이 응답한 것이리라. 이제 오대산에 부처님의 가르침이 영원히 상주할 수 있도록 도량을 일구리라. 범일은 빙그레 미소를 지으며 말했다.

"그리하겠습니다. 굴산사에서 도독을 뵙도록 하겠습니다."

다음 날, 범일은 박달산에서 내려와 오대산으로 향했다. 범일의 걸음은 거침이 없었다. 날개를 단 듯 가벼워 보였다. 범일이 온다는 소식을 들은 명주 도독은 사람을 시켜 굴산사 안팎을 깨끗하게 청소하도록 하였다. 백성들 또한 자발적으로 길을 닦았다. 수많은 스님들이 날마다 굴산사를 기웃거렸다. 대관령을 넘은 범일은 굴산사에 가기에 앞서 오대산에 올랐다. 과연 오대산에서 굴산사까지는 멀지 않았다. 걸어서 하루도 걸리지 않는 거리였다.

범일은 가장 먼저 자장 율사의 초막으로 향했다. 그곳은 어린 시절 범일의 마음을 다독여준 고향이자 출가를 발원한 곳이기도 했다. 초막이 있던 진여원에 도착하자 어린 시절에는 보지 못했던 오대산이 범일의 눈앞에 펼쳐졌다. 키보다 높이 자란 풀들을 헤치고 초막으로 나아간 범일은 자장 율사가 왜 이곳에 초막을 지었는지 알 수 있었다. 초막이 세워진 자리는 다섯 봉우리에서 흘러내려온 오대산의 정수가 모인 곳이었다.

초막은 작고 볼품없었으나 그 안에는 오대산에서 청정하게 수행해 온 고승들과 불보살들의 자취가 서려 있었다.

범일은 청량한 오대산의 물을 마셨다. 잊고 있던 오대산의 물맛이 생생하게 느껴졌다. 이곳이었다. 불법이 흥할 곳은 바로 이곳이었다. 이 맛이었다. 청정한 수행으로 이룬 불법의 맛이 바로 이 맛이었다. 오대산은 사문들이 찾아 헤맸던 정신의 고향이었다. 범일은 20년 만에 돌아온 오대산에서 불법의 종지를 심을 것을 지극한 마음으로 발원했다.

"오대산은 부처님의 진신을 모신 법당이요, 대관령을 가람으로 삼으니, 돌멩이는 가람의 주춧돌이 되고, 나무는 불보살의 상주처가 되고, 풀 한 포기마다 부처님의 말씀이 꽃으로 피어나는구나! 오대산은 영원히 무너지지 않고 사라지지 않는 진리의 법당이 되리라!"

범일이 발원한 순간, 오대산의 나무들은 일제히 이파리를 흔들며 기뻐했다. 자장 율사가 심은 불법의 종지에 범일의 발원이 마중물이 되고, 청정수가 되어 싹을 틔우게 됨을 찬탄하는 것이었다. 범일의 발원과 함께 자장 율사의 계율과 의상 대사의 화엄에 이어 선불교의 선법이 삼법을 이루어 오대산을 불법의 성지로 완성했다. 이 모습을 바라본 오만의 불보살들이 춤을 추며 꽃을 뿌렸다. 꽃이 떨어진 자리마다 범일이 품고 온 청정한 선법의 씨앗이 뿌려졌다. 오대산을 감싼 빼어난 기운에 짐승들도 뛸 듯이 기뻐했다.

오대산을 거쳐 굴산사까지 오는 동안, 범일은 한 번도 들짐
승과 산짐승의 해를 입지 않았다. 커다란 짐승들은 마치 범일
을 지켜 주는 것처럼 늠름한 자태로 멀리서 바라보고 있었고
사슴이나 노루, 토끼나 다람쥐처럼 온순한 짐승들은 범일을
따라다녔다. 이러한 모습을 본 이들은 놀라움을 금치 못했다.

"참으로 훌륭하신 스님이시구나!"

"사슴과 토끼도 병아리처럼 스님을 따르고 있네."

"산짐승과 들짐승, 범과 여우가 얼씬도 하지 않으니 대관령
넘는 것이 꽃놀이일세!"

851년 1월, 범일은 백성들이 온 정성 다해 닦은 길을 걸어
굴산사로 향했다. 어린 시절을 보낸 정다운 풍경들이 눈에 들
어왔다. 학산에서 날아온 학들이 노래하며 날개를 펼쳐 범일
을 반겼다. 모든 깃이 길조었다. 굴산시야말로 부처님의 진정
한 가르침, 선법(禪法)을 많은 이에게 펼칠 성스러운 길지(吉地)
라는 것을 만물이 먼저 알려 주는 듯했다. 일주문 앞에서 명
주 도독과 만난 범일은 은으로 만든 주전자에 담긴 물을 땅에
부었다. 석천에서 길어 올린 청정수로 오대산의 불보살님과 천
지신명께 고하며 굴산사 상량식을 대신한 것이다.

"오대산 아래에서 청정한 불국토를 마주하는구나!"

굴산사에 들어선 범일은 도량 안 넓은 바위 위에 앉아 지그
시 눈을 감았다. 계율을 지키는 맑은 얼굴의 스님들이 열심히
수행하고, 독경하고, 깨끗한 마음을 지닌 사람들이 구름처럼

몰려와 부처님께 공양을 올리고 염불하고 기도하는 모습이 보였다. 이곳에 펼쳐질 불국토가 눈에 그려지는 것 같았다.

"석가모니 부처님과 제자들이 함께 안거를 보낸 기사굴산(耆闍崛山)이 바로 이런 모습이었으리라! 석가모니 부처님께서 열반하신 후 제자들이 모여서 경전을 만들던 기사굴산이 바로 이런 모습이었으리라! 오대산의 정기를 받은 이곳, 산의 이름은 '굴산(掘山)'이요, 사찰의 이름은 '굴산사(崛山寺)'라 하자. 이곳에서 산문을 열고 부처님의 가르침을 새롭게 펼치리라!"

범일은 사찰의 명칭을 '굴산(瀶山)'에서 '굴산(崛山)'으로 한자를 고쳤다. 범일이 천명한 '굴산(崛山)'은 석가모니 부처님과 제자들이 활동했던 기사굴산(耆闍崛山)을 뜻했다. 석가모니 부처님께 귀의한 마가다 왕국의 빔비사라 왕은 부처님과 제자들이 머물며 수행할 수 있는 죽림정사를 보시하기도 했다. 죽림정사는 영축산 즉 기사굴산 독수리봉을 바라보는 곳에 있었다. 부처님은 영축산(기사굴산)에서 법화경을 설하셨고, 부처님이 열반하신 후 경전을 결집할 때 아라한과를 얻지 못하여 동참할 수 없었던 아난존자는 영축산에서 용맹정진하여 깨달음을 증득했다.

범일은 부처님 당시의 상황을 떠올리며 이 산을 '굴산(崛山)'이라 천명했다. 굴산사는 오대산을 바라보는 곳에 있었고, 뒤로는 학바위가 있는 학산이, 도량 안으로는 오대산에서 기원한 샘물이 흐르는 석천이 있었다. 범일은 부처님의 진신사리

가 모셔진 오대산의 신령한 기운을 품은 굴산사에서 선법을
펼치기 시작했다.

오대산을 찾은 세 명의 왕

852년(문성왕 14년) 11월, 태자가 세상을 떠났다. 문성왕은 신하들 앞에서 미친 사람처럼 통곡하였다. 태자의 어머니인 왕비 김씨는 은밀하게 명주로 사람을 보냈고, 오대산에서 범일과 문성왕의 만남이 비밀리에 이루어졌다. 문성왕은 무거운 왕관을 내려놓고 평범한 미복 차림으로 최소의 수행 인원만 데리고 범일이 지내던 자장 율사의 초막을 찾았다.

문성왕과 함께 미복을 하고 온 왕비는 명주 도독의 집에 머물렀다. 사실 명주는 왕비 김씨의 아버지인 시중 김양의 고향이었다. 최초의 명주 군왕 김주원의 작위와 봉토는 장남 김종기가 물려받았다. 김종기가 세습한 식읍은 명주, 익령(양양), 삼척, 근을어(평해), 울진 등 영동 지방 전체라 해도 과언이 아니었다. 김종기의 작위와 영토는 아들 김정여가 물려받았고, 김정여는 왕실로부터 '명원공(溟源公)'에 봉해졌다. 명원공 김정여는 김양의 아버지이자 왕비 김씨의 할아버지였다. 명주 군왕 김주원의 후손이 왕비가 되어 아들을 낳았으니, 태자는 그 자체로 왕실과 귀족의 화합을 상징하는 존재였다. 하지만 약관도 되기 전에 요절한 것이다.

며칠 사이 몰라보게 야윈 문성왕이 퀭한 눈으로 범일을 보더니 참았던 울음을 터트렸다. 눈물이 비 오듯 쏟아졌다.

"큰스님…."

"대왕께서는 최선을 다하셨습니다."

"네. 그런데 어찌 이렇듯 험한 꼴을 봐야 하는지요."

"범부였다면 엄두도 내지 못했을 일을 이미 하신 것입니다. 하지만 대왕의 선택과 그 무게가 범부와 같을 수는 없습니다. 모든 일이 인연에 따라 이루어지는 것이니 그 누구도 원망하지 말고 슬픔도 떨쳐내셔야 합니다."

"어린 자식이 먼저 떠나는, 이렇게 가혹한 인연이 왜 하필 제게?"

"지붕 위의 기와가 바람에 날아가 내 머리 위에 떨어졌다고 기와를 원망할 수 있겠습니까? 바람을 원망할 수 있겠습니까?"

"바람의 탓도, 기와의 탓도 아니라면 기와에 맞은 것은 지붕 밑에 서 있던 사람의 잘못입니까?"

"그 누구의 잘못도 아닙니다. 왕께서 태자가 세상을 떠난 것에만 집착해서 비통한 슬픔에 잠겨 백성을 외면하신다면 태자의 죽음을 헛되이 하시는 것입니다.”

“네, 스님, 알겠습니다.”

문성왕은 범일을 향해 어느새 두 무릎을 단정하게 꿇고 앉아 합장하고 있었다.

“왕께서 보시기에 이곳이 어떻습니까?”

“스님께서 지내시기에 너무 초라한 것 같습니다.”

“그렇게 보이십니까? 이곳에 처음 초막을 지으신 분이 누구인지 아십니까?”

“모릅니다.”

“자장 율사입니다.”

“그럼 이곳이….”

“네, 신문대왕의 아드님이신 성덕대왕께서 태자 시절에 머물며 불보살님께 차 공양을 올렸던 곳입니다.”

“그런 성지가 어떻게 이토록….”

문성왕이 당황하자 범일이 빙그레 웃으며 말했다.

“오대산에 불사를 일으킬 인물이 아직 오지 않았기 때문입니다.”

“불사의 인연이 따로 있다는 말씀이십니까?”

“대왕께서는 이곳에 오신 세 번째 지존이십니다.”

“네?”

“성덕대왕께서 왕위에 오르기 전에 머무셨으니, 그분은 이곳에 머물며 부처님의 가르침을 배우고 익히기를 발원한 첫 번째 왕입니다."

"두 번째 왕은 어떤 분입니까?"

"두 번째 왕은…."

범일이 잠시 숨을 고른 뒤 말했다.

"애장왕이십니다. 그분은 이곳에 머물며 오대산을 불국토로 완성할 자식을 낳고 싶다고 기도하셨습니다."

"애장왕께서는 자식을 두지 않으셨는데…."

"애장왕께는 왕궁에서 태어나지 않은 자식이 하나 있었습니다."

"그것이 사실이라면, 지금이라도 왕실에서 알아야 합니다."

범일이 고개를 저으며 말했다.

"애장왕께서는 자식이 서라벌의 권력 다툼에 휘말리지 않길 바랐습니다. 이곳에서 미물며 기도할 때도 아들이 태어나면 부처님께 바치겠노라는 하나의 바람뿐이었습니다."

"스님께서는 어떻게 그리 잘 아십니까?"

터져 나올 것 같은 온갖 질문을 간신히 삼키고 있는 문성왕의 얼굴을 보며 범일은 미소를 지었다.

"그리고 지금, 대왕께서 오대산을 찾으셨으니 세 분의 왕이 방문하신 것입니다. 세 왕의 간절한 기도와 염원이 담긴 곳이니, 이곳은 장차 불법이 크게 흥할 것입니다. 또한 앞으로도 부처님의 가르침을 숭상하는 왕들이 이곳을 찾을 것입니다. 그들은 오대산의 신령한 기운으로 왕권을 안정시키고 오대산의 맑은 물은 왕의 병을 치료할 것입니다."

"스님, 제가 스님께 너무…."

범일은 차마 입을 열지 못하는 문성왕에게 말했다.

"왕의 아들이라 하여 모두 왕위에 앉을 수 있는 것은 아니며, 백성이라 하여도 지극하게 수행하면 문수사리처럼 법왕자가 될 수 있습니다. 오대산은 문수보살의 지혜로 업장을 녹이고, 세세생생 윤회에서 벗어날 선법이 흥성할 성지입니다. 소승은 오대산에 계율로 땅을 다지고, 지혜로 가람을 세우고, 선법을 크게 일으키고자 합니다."

"스님의 서원이 이루어질 수 있도록 저도 힘껏 돕겠습니다."

문성왕은 범일에게 큰절을 올린 뒤 금성으로 돌아갔다. 떠나기 전, 명주 도독과 만난 문성왕은 굴산사 불사에 대한 전폭적인 지원을 명하였다. 이후 굴산사의 사세는 크게 융성하였다. 천 명이 넘는 스님들이 상주하며 수행하는 굴산사에서 공양 때가 되어 쌀을 씻으면 그 물이 강릉 앞바다까지 흘러 들어갈 정도였다.

범일의 명성으로 인해 전국 각지에서 수행자들이 굴산사로 구름처럼 모여 들었다. 많은 제자가 있었으나 범일이 바라는 뜻을 이어갈 제자는 아직 만나지 못했다. 범일은 시절 인연을 기다리며 굴산사와 오대산을 오가며 수행을 계속하였다. 그렇게 범일이 굴산사에서 일으킨 선법은 오대산에 뿌리를 내리고, 오대산의 정기는 굴산사로 흘러들었다.

857년, 문성왕이 승하하였다. 태자가 요절한 후 귀족들의 압박 속에서도 후계를 정하지 않았던 그는 임종이 가까워졌을 때 유언했다. 문성왕의 유언에는 왕위에 앉았던 20년 가까운 세월 속에서 느꼈던 깊은 참회와 반성이 담담하게 담겨 있었고, 후계에 대한 명확한 지침이 있었다. 그 덕분에 길고 긴 원한의 시간이 마침내 끝났다. 피로 얼룩진 반란 없이 왕의 '유언'을 통해 평화로운 왕위 계승이 이루어진 것이다.

"과인이 미미한 자질로 높은 자리에 처하여, 위로는 하늘에 죄를 짓지 않을까 두려워하고, 아래로는 백성들에게 실망을 주지 않을까 걱정하였으니, 밤낮으로 깊은 물과 얇은 얼음을 건너는 듯 전전긍긍하면서도, 세 명의 재상과 여러 신하의 보좌에 힘입어 왕위를 유지했다.

이제 나는 갑자기 병에 길린 지 열흘이 지났으니, 정신이 혼몽하여 아침 이슬보다 빨리 세상을 떠날지도 모르겠다. 선조로부터 내려오는 사직에는 주인이 없을 수 없으며 국가의 정치에 관한 모든 사무는 잠시라도 폐할 수 없다.

돌아보건대, 서불한(상대등) 의정은 선왕의 손자요, 나의 숙부이다. 그는 효성과 우애가 있고 명민하여 관후하고 인자하여, 오래도록 재상의 직에 있으면서 왕의 정사를 도왔으니, 위로는 종묘를 받들 만하고 아래로는 창생을 기를 만하다. 이에 나는 무거운 책무에서 벗어나 어질고 덕 있는 이에게 그것을 맡기려 한다. 이제 부탁할 적임자를 얻었으니 다시 무슨 여한

이 있으랴? 살고 죽는 것과 시작하고 끝맺는 것은 만물의 위대한 기약이요, 오래 살고 일찍 죽는 것은 천명이 부여하는 정해진 몫이다. 세상을 뜨는 자는 하늘의 이치에 이르는 것이니, 세상에 남는 자가 지나치게 슬퍼할 필요는 없다. 너희 여러 신하는 힘을 다하여 충성할 것이며, 가는 사람을 장례 지내고 살아 있는 사람을 섬김에 있어서도 예절을 어기지 말 것이다. 나라 전체에 포고하여 나의 뜻을 분명히 알게 하라."

857년 9월, 유언을 마친 문성왕은 7일 후 승하하였다. 조명부인의 아들 김의정은 문성왕의 뜻에 따라 신라 47대 헌안왕으로 즉위하였다. 헌안왕은 즉위 직후 대사면령을 내려 희강왕과 민애왕, 신무왕 등 여러 선대 왕의 반란에 연좌된 죄수들을 대거 풀어주었다. 더 이상 음모와 경쟁, 담합과 반란이 아닌 화합의 왕실을 이끌어 가겠다는 강력한 뜻이었다.

헌안왕은 문성왕의 숙부였기에 왕위에 올랐을 때 이미 연로한 나이였고 왕비와의 사이에서 장성한 두 딸이 있었다. 아들이 없던 그는 즉위 후부터 후계를 준비해야 했다. 그때 헌안왕이 가장 먼저 떠올린 인물은 굴산사에 주석 중인 범일이었다. 하지만 범일은 산문을 굳게 닫고 수행 중이었기에 만날 수가 없었다. 헌안왕은 아쉬움을 삼키며 범일의 수행이 원만하게 끝나기를 기다렸다.

오대산과 굴산사

 858년 2월, 굴산사에서 안거를 마친 범일은 오대산으로 향했다. 사람들은 범일의 육신은 굴산사에서 수행하고 범일의 정신은 오대산에서 노닌다고 했다. 사람들의 눈은 틀리지 않았다. 범일에게 굴산사는 곧 오대산이었다. 범일이 좌선에 들면 굴산사의 바위는 곧 오대산의 초막이었고, 범일이 경행하는 도량은 오대산의 숲길이 되었다. 사부대중이 모여 사는 굴산사에서도 범일은 오대산에 있는 것처럼 고요하고 치열하게 정진했다. 범일의 근처만 가도 청량했다. 앉은 자리가 곧 부처의 자리가 되는 범일의 수행력은 수행자들에게는 선망이었고, 수행의 세계를 잘 모르는 백성들도 감동하고 감탄했다.

 범일은 평소 굴산사에만 머물지 않았다. 오대산을 시시때때로 찾았다. 오대산의 한 줄기 바람이 범일의 정신을 깨우고 한 모금의 물이 범일의 번뇌를 씻어내 주었다. 그렇게 범일은 오대산에서 지혜의 눈이 활짝 열렸다. 범일의 오대산행은 은둔이 아니라 세상의 흐름에 가장 적극적으로 동참하는 일이었다. 번뇌를 끊어내는 것에서 더 나아가 온갖 문제에 대한 명쾌한 답을 찾는 힘을 길러 준 오대산에서의 수행, 범일은 속세의 경계를 벗어나 세상에서 동떨어진 것처럼 보이는 오대산에서 천하를 품고 인과의 흐름을 정확하게 들여다보며 사람의 마음을 읽었다.

오대산은 범일의 지혜를 채워 주는 마르지 않는 샘과 같았다. 범일의 청정한 수행은 이슬처럼 오대산을 적셨고, 수행을 통해 얻은 범일의 지혜 또한 오대산에 스며들었다. 그렇게 범일은 청정한 수행으로 오대산이라는 성스러운 도량을 조용히 일구었다.

청정한 범일의 수행력은 권모술수가 일상인 권력자를 매료시켰고, 범일의 높은 지혜는 권력자들마다 그를 곁에 두고 싶은 마음을 갖게 했다. 특히 범일이 오대산과 하나가 될수록 그를 얻고자 하는 왕의 집착이 커졌다. '왕의 부름'은 결코 가벼운 일이 아니었다. 만일 범일이 힘과 권력을 원했다면 왕을 움직여 산문을 키우고 크나큰 명예를 얻을 수 있었을 것이다. 하지만 범일은 금성 대신 오대산행을 택했다. 범일은 항상 왕실과 거리를 두었고 오직 수행으로 일상을 지켰다.

정취보살과의 재회

　범일은 부처님이 출가하신 날(음력 2월 8일)부터 열반에 드신 날(음력 2월 15일)까지 7일 밤낮을 앉은 자리에서 움직이지 않은 채 용맹정진하였다. 7일째 되던 날, 명주와 대관령의 모든 생명이 범일의 눈앞에 환하게 펼쳐졌다. 찰나의 순간, 범일은 삼매에 들었고 삼매에서 하얀 승복을 입고 신선 같은 얼굴을 한 젊은 스님을 만났다.

　"어서 오시오. 그대를 오래도록 기다렸소. 왕이 바뀌었는데도 오대산을 지켰다지요?"

　"마땅히 머물러야 할 곳에서 해야 할 일을 할 뿐입니다."

　"낙산사에 가 보았소?"

　"가 보았습니다."

　"앉아 있는 곳 위의 산 정상에 대나무 두 그루가 솟아 있을 것이니, 그곳에 절을 지으면 좋겠소."

“범일이 의상 대사께 인사를 올립니다. 대사께서 관세음보살의 모습으로 나타난 부처님의 진신을 친견한 후 낙산사를 건립하셨을 때의 이야기를 들어서 알고 있습니다.”

의상은 범일을 보며 맑은 소리를 내어 웃었다. 의상이 웃자, 허공에서 꽃이 피어나고 빛이 뿌려지는 것 같았다.

“그렇소. 낙산사의 관세음보살은 지금도 중생의 소리를 모두 듣고, 백성들의 고단함을 어루만져 주시지. 지금, 낙산에 또 한 분의 관세음보살을 모실 때가 되었소.”

“관세음보살을 어디에서 찾을 수 있습니까?”

“그대가 당나라에 머물 적에 명주 땅에서 왔다는 젊은 사미를 만난 것을 아오.”

그때 개국사에서 만났던, 집을 만들어 달라던 한쪽 귀가 없는 어린 사미가 떠올랐다. 사미의 얼굴이 떠오르자마자 범일의 눈앞에 사미가 나타나서 말했다.

“지난날 명주 개국사에서 스님과 약속하였는데, 그때 기꺼이 응낙하시고 어찌 이렇게 늦으셨습니까?”

사미의 말에 놀라워하는 순간 범일은 삼매에서 깨어났다. 눈을 들어 하늘을 보니 샛별이 뜨고 있었다.

“용맹정진을 원만히 마치신 것을 감축드립니다.”

범일의 제자들이 인사했다. 범일이 오대산에서 내려오자, 백성들은 서둘러 공양물을 들고 일주문 앞에 줄을 섰다. 첫 공양을 올리고 복을 받기 위해서였다. 마른 미역과 다시마 같은 소박한 공양물이었으나 복을 구하는 백성들의 간절한 마음이 담겨 있었다. 범일은 굴산사를 찾아온 모든 이에게 축원해 주었다. 그리고 제자들과 함께 낙산사로 향했다. 삼매 중에 만난 의상 대사가 낙산사를 언급한 이유가 분명히 있을 것이었다.

범일과 제자들이 익령 근처에 이르렀을 때였다. 얼굴이 말갛고 뽀얀 한 여인이 물동이를 머리에 지고 나왔다. 범일과 제자들이 들어섰을 때, 마을에는 온통 인기척이 없었다. 그런데 여인 홀로 나와 있는 것을 보고 범일은 한눈에 그녀가 정취보살과 인연이 있음을 알아차렸다.

"시주의 이름이 무엇입니까?"

범일이 여인에게 물었다. 맑고도 차분한 범일의 목소리에 여인은 당황한 마음을 이내 진정할 수 있었다. 물동이를 머리에서 내려놓은 여인은 옷자락에 손을 닦은 후 예를 갖춘 뒤 공손하게 말했다.

"덕기라 하옵니다."

"덕기…."

'덕기'라는 이름을 듣자 '저희 집은 명주 익령현 덕기방에 있습니다. 본국으로 돌아가시거든 저희 집을 찾아 주십시오.'라고 했던 어린 사미의 목소리가 들리는 듯했다. 범일은 재차 물었다.

"이름이 덕기란 말입니까?"

"그렇습니다. 혹시 제 이름에 문제라도 있습니까?"

"아닙니다. 이름이 아주 좋습니다."

여인이 걱정스러운 듯 되묻자, 범일이 활짝 웃으며 말했다. 사미가 말했던 덕기방이 덕기의 집일 줄은 미처 몰랐다. 하지만 곰곰이 곱씹어보니 모든 것이 맞아떨어졌다.

"시주의 집은 어디입니까? 잠시 들를 수 있겠습니까?"

"바로 근처입니다. 하지만, 스님들을 모시기에는 너무 작고 초라하여 민망합니다."

"아닙니다. 물 한잔만 마시고 일어나겠습니다."

"정 그렇다면… 따라오십시오. 저희 집은 낙산사 아래 있습니다."

여인이 머뭇거리며 범일과 스님들을 집으로 안내하였다. 여인의 말처럼 집은 초가 한 칸이 전부여서 범일과 제자 두어 명이 간신히 들어갈 수 있을 정도였다. 방에 들어가니 예닐곱 살 되어 보이는 사내아이가 있었다. 여인을 아이의 머리를 쓰다듬으며 말했다.

"아들과 함께 살고 있습니다. 아들은 이제 여덟 살인데 항상 마을 남쪽 돌다리에 가서 하루 종일 놀다 오곤 합니다."

"스님들이 우리 집에 오신 것은 처음이에요."

사내아이는 범일과 스님들에게 꾸벅 인사를 한 후 신나는 목소리로 말했다. 범일이 아이에게 다정한 목소리로 물었다.

"돌다리 아래 재미있는 것이라도 있니?"

"스님께 말씀드리렴. 같이 노는 아이가 금빛이 난다고 하지 않았니?”

“돌다리 아래에 금빛이 나는 아이가 있다고? 그 금빛이 나는 친구를 내게 소개해 줄 수 있겠니?”

범일이 다시 묻자, 아이가 대답했다.

“제 비밀 친구인데 스님께는 알려드릴게요. 저를 따라오세요!”

범일은 신이 나서 앞장서 뛰어가는 아이를 따라 남쪽 다리 아래로 향했다. 꽁꽁 언 얼음 사이로 가느다란 물줄기가 졸졸 흐르고 있었다. 아이는 연신 발로 얼음을 깨뜨리며 범일을 물가로 데려갔다. 그리고 물속에 잠겨 있는 불상을 손가락으로 가리키며 말했다.

“바로 이 친구예요! 물에 있으면 몸에서도 눈에서도 금빛이 나요.”

범일이 조심스럽게 물속에서 불상을 꺼냈다. 찬찬히 살펴보니 불상의 왼쪽 귀가 떨어져 있었고, 꿈에서 본 사미의 얼굴과 딱 닮았다.

범일은 가사 자락으로 불상을 깨끗하게 닦은 뒤 바위 위에 내려놓았다. 그리고 불상을 향해 삼배의 예를 올렸다. 그 모습을 보고 놀란 아이가 범일을 따라 금빛 나는 돌부처 친구에게 합장하고 고개를 숙였다. 이윽고 불상을 들고 일어난 범일이 아이에게 말했다.

“정말 고맙구나! 네가 아니었다면 정취보살을 찾지 못했을 것이다.”

“정취보살이요? 이 금빛 나는 돌친구의 이름이 정취보살인 가요?”

“그렇단다.”

“돌다리 아래 있을 때는 내 친구였는데… 스님, 정취보살님을 어디로 데려가실 건가요?”

아이가 아쉬운 얼굴로 말했다.

“여기서 멀지 않은 곳에 전각을 지어서 모실 것이니 그때 꼭 만나러 오거라.”

“정말이요? 약속하신 거예요!”

“물론이지. 정취보살님을 제자리에 모신 후에 기별할 것이니 어머니를 모시고 꼭 오거라.”

“네.”

범일의 약속에 아이는 신이 나서 집을 향해 뛰어갔다. 범일의 제자들은 서둘러 정취보살상을 받아 들고 굴산사로 조심스럽게 이운했다. 굴산사에 도착한 범일은 제자들에게 당나라에서 귀 한쪽이 없는 사미를 만난 이야기를 해 주었다.

“개국사에서 귀 없는 사미를 만난 것을 까맣게 잊고 있었는데, 어젯밤 꿈에 의상 대사께서 나타나 알려주셨다. 꿈에서 사미가 약속을 지키라고 하는 순간, 당나라에서의 기억이 모두 떠올랐다. 그때 사미가 나에게 말하길, 자신의 집은 명주 익령현 덕기방에 있으니 귀국하거든 꼭 찾아서 집을 지어 달라고 했었다.”

“집을 지어 달라는 말은….”

“전각을 지어 불상을 모셔야 할 것이다.”

“이 불상이 정취보살이라는 것은 어찌 압니까? 관세음보살이거나 다른 분일 수도 있지 않습니까?”

“의상 대사께서 알려주셨다. 정취보살님을 모시라고.”

“굴산사에 전각을 조성하여 모시면 되겠습니다. 불자들도 좋아할 것입니다.”

“정취보살님을 보러 오는 사람들도 많겠지요.”

“스님과 굴산사에 대한 신심도 더 커질 것입니다.”

제자들이 신이 나서 말했다. 그러자 범일이 말했다.

“정취보살님을 모실 곳은 굴산사가 아니다.”

“왜요? 스님께 인연이 닿았고, 스님께서 발견하신 불상이 아닙니까?”

“굴산사가 아니면 어디에 모신다는 말씀입니까?”

“나 역시 몇 번이나 생각해 보았다. 하지만 정취보살은 낙산사에 모시는 것이 옳다. 낙산사 근처에서 발견되기도 했고, 의상 대사께서 꿈에 친히 나타나 말씀하신 것을 보면 낙산사와 인연이 있는 게 확실하다.”

제자들이 아쉬워하자, 범일이 말했다.

“우리가 찾은 정취보살을 낙산사에 모시는 것도 의미가 있다. 지금 백성들이 가장 믿고 의지하는 곳은 굴산사지만, 낙산사는 의상 대사가 창건한 곳으로 부처님의 진신이 나투셨던 곳이다. 그곳에 전각을 조성한 후 불상을 모실 것이다."

정취보살님을 굴산사 문도들이 중심이 되어 낙산사에 모실 거라는 이야기를 듣고서야 제자들은 수긍했다. 범일은 낙산사 위쪽으로 전각을 짓고 그곳에 정취보살을 모셨다. 굴산사 문도들이 낙산사에 조성한 정취보살은 명주의 백성들에게 새로운 신앙의 구심점이 되었다. 범일을 생불처럼 존경하면서도 참선 수행을 하는 스님들을 어려워하던 백성들은 귀 한쪽이 없는 정취보살에게 금세 마음을 열었다. 정취보살을 모실 전각을 짓고, 낙성식이 끝난 뒤, 범일은 굴산사와 낙산사에 번갈아 주석했다. 굴산사에서는 수행하며 제자들을 지도하는 데 힘썼고, 낙산사에서는 백성들의 고된 삶과 흔들리는 마음을 어루만져 주며 신심을 북돋웠다. 그리고 틈날 때마다 오대산에 가서 용맹정진했다.

헌안왕이 왕위에 오른 지 4년째 되던 860년, 범일이 굴산사에 주석한 지 10년이 흘렀다. 그해 여름, 오대산 초막에 머물던 범일은 제왕의 별이 꺼질 듯 깜빡이는 것을 보았다. 헌안왕의 죽음이 멀지 않았음을 예견한 범일은 잠시 명주를 떠나 서라벌로 향했다. 후계를 정하기 위해 범일을 꼭 만나고자 하는 헌안왕의 간곡한 부탁을 거절할 수 없었기 때문이다.

오대산에서 온 범교사

　노쇠한 몸으로 처마 끝에 서서 문을 바라보던 헌안왕의 얼굴이 밝아졌다. 범일이 왕을 향해 합장하자 헌안왕도 예를 갖췄다. 대전에 들이서니 왕비와 두 공주가 있었다. 큰 공주는 오밀조밀한 이목구비에 통통하였고, 작은 공주는 얼굴이 희고 갸름하며 남자라면 누구나 연정을 품을 정도로 늘씬한 미인이었다. 하지만 범일은 큰 공주에게서 눈을 떼지 못했다. 왕비와 두 공주는 범일에게 예를 올린 후 밖으로 나갔다. 헌안왕은 작게 한숨을 쉬며 말했다.

　"제자가 복이 없어 아들을 두지 못했습니다. 왕위를 물려줄 아들을 바라는 것은 욕심인가 봅니다."

　"왕께서 복이 없다 하면 산천이 웃습니다."

　"공주들을 보셨지요. 어떻습니까?"

　"큰 공주께서는 천운을 가지신 분입니다. 장차 큰 공주의 자식들은 모두 왕위에 오를 것입니다."

"스님의 말씀을 들으니 기쁘기도 하면서 한편으로는 마음이 무겁습니다."

"아들만이 왕위를 계승할 수 있는 것은 아닙니다."

"무후가 세상을 떠난 뒤, 여자가 왕위에 오르는 일은 금지되었습니다."

당나라 고종의 황후였던 무후는 고종 승하 후 자신을 '측천무후'라고 칭하며 황제나 다름없는 권력을 누렸고, 끝내 황제의 자리에 올랐다. 무후 재위 말년, 당나라의 국호는 주나라로 바뀌었다. 무후가 승하한 후 주나라는 다시 국호를 당으로 바꿨고, 이후 당나라에서는 무씨 성을 가진 여인은 황후의 자리에 오르는 게 금기가 되었다.

"당에는 당의 법이 있고, 신라에는 신라의 법이 있습니다. 구하고자 하면 얼마든지 방편이 있을 터인데 왕께서는 어찌하여 아들을 고집하고자 하십니까?"

잠시 침묵한 범일이 고개를 들고 헌안왕을 바라보며 물었다.

"왕께서는, 왕의 아들이라 그 자리에 오르신 것입니까?"

"!"

정곡을 찔린 헌안왕이 고개를 푹 떨궜다.

"부마로 점찍어 둔 사람이 있으시겠지요."

"영화를 희강왕의 손자 응렴과 혼인시키고자 합니다."

“선대의 묵은 원한을 모두 닦을 수 있는, 참으로 지혜로운 마음입니다.”

“스님의 조언이 아니었다면 생각하지 못했을 일입니다.”

희강왕은 즉위 1년 만에 스스로 목숨을 끊은 비극의 주인공이었다. 그 후에도 왕위 다툼은 끝이 없었다. 문성왕은 숙부 헌안왕에게 왕위를 잇도록 하여 원한의 고리를 끊고자 했고, 헌안왕은 희강왕의 손자에게 왕위를 물려주어 완전한 화해를 이루고자 하는 것이었다. 큰 결단을 내렸음에도 헌안왕의 얼굴에는 망설임이 가득했다.

“걸리는 게 있으신 듯합니다. 그게 무엇인지요?”

“응렴은 이제 겨우 열다섯 살 소년에 불과하고, 영화의 나이는 응렴보다 다섯 살이나 많은 스물입니다. 게다가… 영화의 외모는 동생보다 못하니….”

“소승이 그를 만나보아도 되겠습니까?”

“감사합니다, 스님. 조만간 응렴을 흥륜사로 보내겠습니다. 그때 그를 찬찬히 살펴보시고 조언해 주시면 좋겠습니다.”

“그리하겠습니다.”

범일이 약조하자, 헌안왕의 만면에 미소가 피어났다. 범일은 이번에도 궁에 머물지 않고 흥륜사로 발걸음을 옮겼다. 궁궐의 가장 내밀한 소식은 궁궐 밖에서 더 잘 보이는 법이었다. 게다가 왕위를 결정하는 일이었다. 응렴을 만나는 것 역시 귀족들의 눈과 귀가 쏠려 있는 궁궐 안이 아니라 밖에서 이루어져야 했다.

860년 9월, 헌안왕은 응렴에게 입궁을 명한 후 자신을 보필하는 신하들과 왕실을 지지하는 귀족들을 별궁에 모이게 하였다. 헌안왕이 응렴에게 물었다.

"그대는 착한 사람을 본 적이 있느냐? 어떤 사람이 선한 마음을 가졌다고 생각하느냐? 그대의 생각을 말해 보라."

응렴은 왕과 왕비, 높은 귀족들과 신하들 앞에서도 전혀 주눅 들지 않은 채 차분하게 답했다.

"신이 아직 많은 사람을 만나지는 못했으나 일찍이 세 사람을 보았는데, 그들에게서 선한 행동이 무엇인지를 배웠나이다."

"어떤 행동이었는가?"

"첫 번째는 높은 직위를 가진 사람임에도 남을 대할 때 자신을 낮추는 사람입니다. 높은 가문의 자제로 다른 사람과 교제하면서 자신을 내세우지 않고 항상 남보다 아래에 거처하는 모습을 보면서 진실로 선함을 배웠나이다. 두 번째는 재물이 많은 부자였으나 사치가 아닌 절제를 덕으로 삼는 사람입니다. 무궁한 재산과 아름다운 용모를 지녔음에도 사치스러운 비단이 아닌 소박한 베옷을 입으며 만족하는 모습을 보면서 진실로 선한 마음을 배웠나이다. 세 번째는 큰 권력과 영화를 누리면서도 단 한 번도 다른 이에게 세도를 부리지 않은 사람입니다. 신분이 낮은 사람에게도 무시하거나 하대하는 것을 본 적이 없어 진실로 선함을 배웠나이다."

응렴이 대답을 마치자, 신하들과 귀족들이 고개를 끄덕이며 서로 눈빛을 주고받았다. 이어서 헌안왕은 엄숙한 얼굴로 응렴에게 말했다.

"오늘 부른 것은 공주의 부마를 뽑기 위함이다. 짐에게는 아들이 없고 공주만 둘 있다. 큰 딸은 스무 살이고, 작은 딸은 열아홉이다. 두 공주 중 그대가 마음에 드는 사람과 혼인하라."

헌안왕의 갑작스러운 말에 청산유수 같던 응렴이 말을 잃은 채 멍하게 서 있었다. 침묵이 길어지자, 왕비가 나섰다.

"이런 일은 혼자 결정할 수 있는 게 아닙니다. 오늘은 이만 응렴을 보내 주시지요. 돌아가서 부모님과 의논할 시간이 필요할 것입니다."

"그리하라!"

응렴은 속으로 안도의 한숨을 내쉬며 자리에서 일어났다. 왕비는 집으로 돌아가는 응렴을 조용히 불러서 말했다.

"부모님과 의논하고도 결정이 어렵거든 흥륜사에 가서 오대산에서 오신 범교사를 찾아뵙도록 하게. 왕께서 가장 신임하는 분이니 바른 결정을 내리도록 도울 것이네."

"감사합니다."

궁을 나선 응렴은 흥륜사로 향했다.

"혹시 이곳에 오대산에서 오신 범교사가 계십니까?"

"네. 내가 거사께서 찾는 사람입니다."

응렴이 올 것을 알고 있던 범일이 그를 맞아 주었다.

"들어오시지요. 궁에서 오시는 길입니까?"

"스님께서는 이미 다 알고 계시는군요. 실은…."

"지금 가장 마음에 걸리는 게 무엇입니까?"

"왕께서 저에게 두 공주 중 마음에 드는 이를 고르라 하셨습니다. 제 선택을 따르겠노라 하셨는데 누구를 골라야 할지 모르겠습니다. 다만 소문에는 큰 공주가 작은 공주보다 못생겼다고 하니 작은 공주에게 마음이 갑니다."

"큰 공주를 선택하면 세 가지 이익이 있을 것이요, 작은 공주를 선택한다면 세 가지 손해가 있을 것입니다."

"무엇이 세 가지 이익이고, 무엇이 세 가지 손해입니까?"

"왕과 왕비의 뜻이 두 공주 중 누구에게 있는 줄 아십니까?"

"큰 공주입니까?"

"그렇습니다. 큰 공주와 혼인하면 왕과 왕비가 기뻐하며 그대에 대한 사랑이 점점 더 깊어질 것이니 그것이 첫 번째 이익입니다. 또한 그러한 명분으로 왕위를 계승하게 될 것이니 그것이 두 번째 이익입니다. 왕위에 오른 후에는 어여쁜 둘째 공주도 부인으로 맞이할 수 있으니 그것이 세 번째 이익입니다."

응렴은 범일의 말을 듣고 곰곰이 생각한 후 말했다.

"왕과 왕비의 뜻에 따라 큰 공주를 선택하면 왕위에 오를 수 있으니 먼저 큰 공주와 혼인하여 왕이 된 후 둘째 공주를 아내로 맞으라는 말씀이십니까?"

범일이 빙그레 웃으며 응렴을 바라보았다. 잠시 후 응렴은 범일에게 큰절을 올리며 벅찬 목소리로 말했다.

"대사께서 저에게 참으로 큰 깨우침을 주셨습니다."

"큰 공주께서는 천운을 가지신 분입니다. 그녀가 타고난 운으로 남편뿐만 아니라 자식들도 모두 왕위에 오를 것입니다. 그러니 망설이지 마시고 왕께서 다시 물으시거든 왕의 뜻을 따르겠다고 하십시오."

"그리하겠습니다, 스님!"

서라벌을 떠나기 전, 범일은 응렴이 헌안왕의 큰 딸과 혼인하여 부마가 되었다는 소식을 들었다. 가슴을 짓누르던 큰 일을 무사히 마친 헌안왕은 병색이 더욱 깊어졌다. 아무노 모르게 헌안왕을 만난 후 범일은 오대산으로 돌아왔다. 오대산에서 얻은 통찰과 지혜는 세속을 바르게 움직이는 청정한 힘이 있었다. 오대산이야말로 수행자들의 수행처이자 왕실의 안녕을 도모하고, 만백성을 평안케 하는 안식처, 마음의 고향이었다.

861년 정월, 헌안왕은 왕위 계승에 대한 교서를 내렸다.

"짐은 불행하게도 아들 없이 딸만 두었다. 우리나라에서는 예전에 선덕, 진덕 두 여왕이 있었지만, 여왕의 권위에 도모하는 세력들, 외우내환의 연속이었으니 이를 본받을 수 없다. 부마 응렴은 나이가 비록 어리다고 해도 성숙한 덕성을 갖추고 있다. 그대들이 그를 임금으로 세워 섬긴다면, 반드시 조종의 훌륭한 후계를 잃지 않게 된 것이다.”

교서를 반포한 헌안왕은 선위의 뜻을 밝히고 응렴에게 왕위를 물려주었다. 헌안왕의 건강이 매우 위독하였기에 신하들과 귀족들은 왕의 뜻을 따랐다. 왕과 왕비의 복색을 갖춘 응렴과 영화가 와서 헌안왕에게 예를 올리자, 그가 웃으며 말하였다.

“명주에 범일이라는 고승이 계시다. 왕위에 오르거든 그분을 스승으로 삼아라. 그렇게 하면 크고 작은 일에 실수가 없을 것이니, 명심하라.”

“그리하겠나이다.”

응렴과 영화가 약속하자 헌안왕의 얼굴에 잠시 화색이 돌더니 이내 혼곤한 잠에 빠졌다. 엿새 후인 1월 29일, 헌안왕이 잠든 것처럼 고요한 표정으로 세상을 떠났다. 헌안왕의 장례를 모두 마친 3월, 응렴은 대사면을 실시하여 새로운 왕의 즉위를 알리니 그가 바로 신라 제48대 경문왕이다.

왕위에 오른 경문왕은 자신이 만난 흥륜사의 스님이 범일이라는 것을 알았다. 그는 범일을 국사로 모셔 오기 위해 굴산사로 사람을 보냈다. 하지만 범일은 경문왕에게 한 통의 서신을 남겨두고 산문을 닫고 오대산으로 들어갔다. 오대산은 세속의 번뇌가 범접할 수 없는 수행자의 도량이었다. 며칠 동안 굴산사에서 범일을 기다리던 왕의 칙사는 결국 서신만 들고 서라벌로 돌아갈 수밖에 없었다.

'왕자가 태어난 후에 둘째 공주를 맞을 것.'

범일의 서신에 적힌 글은 단 한 줄밖에 없었으나 경문왕은 그 의미를 단박에 알아차렸다. 862년 2월, 경문왕과 왕비 사이에서 첫 왕자(제49대 헌강왕)가 태어났다. 경문왕은 몸소 신궁에 제사를 지내며 하늘에 기쁨을 고했다. 이듬해 경문왕은 처제를 부인으로 맞았다. 그의 오랜 염원을 마침내 이룬 것이다. 864년, 둘째 왕자(제50대 정강왕)가 태어났고 866년 봄, 스무 살이 된 경문왕은 태자를 책봉했다. 왕실의 안정이 굳건해진 그해, 범일은 오대산에서 소중한 인연을 얻었다. 제자 개청을 만난 것이다.

오대산 아래 사굴산문이 열리다

　범일은 굴산사에 주석하면서 사세를 크게 번창시켰다. 스님들은 마치 부처님 말씀을 따르듯 범일의 지도에 따라 수행했다. 한편 범일이 국사의 지위를 거절했다는 사실을 소문으로 들은 명주의 백성들은 그를 살아 있는 부처님으로 존경했다.

　867년, 오대산에서 수행하던 범일은 제왕의 별이 반짝이는 것을 봤다. 누구도 막을 수 없는 혼란과 전쟁의 서막을 알리는 징조였다. 그해 후백제를 건국한 견훤이 상주에서 농부 아자개의 아들로 태어났다. 범일은 천도(天道)를 막을 수 없다는 것을 알기에 더욱 굳건하게 부처님의 가르침으로 이 나라를 수호할 책임을 느꼈다. 불법(佛法)이 이 땅에 영원하려면 왕이 바뀌고 나라가 무너지고 다시 세워지는 천지개벽이 일어나도 흔들림 없는, 청정한 수행이 있어야 했다. 잘못하면 스님들이 절을 떠나고 도적들이 주인이 되는 법난의 세상, 절이 폐허가 될 수도 있다는 것을 당에서 목격했기에 더 절실히 가슴에 와 닿았다.

범일은 어디에 불법의 종지를 심어야 할지 이미 알고 있었다. 천년만년 불법이 이어져 이 나라 백성들이 평온하게 해 줄 안심입명처로 오대산이 제일의 성지였다. 범일은 자신이 세상을 떠난 뒤의 일을 염두에 두고 있었다. 말세가 닥쳐와도 변함없이 법을 전하고 펼쳐 나갈 만한 제자가 필요했다. 범일은 오대산에서 불보살님께 맑은 물로 공양을 올리며 날마다 기도했다.

'오대산에 상주하는 불보살님과 신령님들께 기도하옵니다. 지금 오대산의 불법은 이 낡은 초막에 의지하고 있사옵니다. 하지만 저는 오대산 법당에서 부처님의 가르침이 펼쳐지는 광경을 보았나이다. 부처님의 정신이 주춧돌이 되고, 부처님의 말씀이 대들보가 되고, 수행이 서까래가 되어 오대산을 이루고 있는 것을 보았나이다. 오대산에서 흐르는 부처님의 가르침은 영원히 마르지 않는 지혜의 샘이 되고, 영원히 동나지 않는 양식의 창고가 되어 천년만년 이어질 것입니다. 눈 밝은 제자를 거둘 수 있다면 수승하고 청정한 불법의 바다가 오대산의 뼈가 되고 살이 되고 숨이 되도록 하겠나이다.'

범일은 평평한 바위 위에서 좌선하며 삼매에 들었다. 삼매 중 전국을 돌아다니며 눈 밝고 뜻있는 인물을 찾았다. 그러던 중 남해 금산에서 몸에서 금빛이 나는 젊은 스님을 보게 되었다. 범일이 찾던 인물이었다. 범일은 그 자리에서 젊은 스님의 내력을 단숨에 읽어냈다.

그의 법명은 '개청'이었다. 그는 흥덕왕 9년(834년), 음력 4월 15일 서라벌에서 명문 귀족의 자제로 태어났다. 8세부터 유학(儒學)을 공부하며 영특함으로 이름을 날렸다. 25세 되던 해, 화엄사로 들어가 정행 법사의 제자가 된 후 비로소 비구계를 수지하였다. 이후 개청은 깨달음을 구하며 남해 금산으로 향했고 입산 후 3년 동안 산에만 머물며 치열하게 수행하였다.

범일은 삼매 속에서 개청이 곡기를 끊고 솔잎만 먹으며 수행하는 모습을 보았다. 소나무 아래에서 간절히 기도하는 개청의 육신은 앙상했으나 눈빛은 흔들림 없이 맑았다. 개청의 법기가 얼마나 큰지, 개청의 발원이 얼마나 순수한지 범일은 알 수 있었다. 100일 동안 곡기를 끊은 채 오직 솔잎만 먹으며 수행하는 개청의 발원은 단 하나, 자신을 이끌어 줄 스승과의 인연을 갈구했다.

'나의 법을 이어갈 제자로다. 저 젊은 수행자에게 법을 전한다면 새로운 불국토를 열어갈 수 있을 것이다.'

개청의 수행이 무르익었음을 간파한 범일은 망설임 없이 모습을 드러냈다. 개청의 바람은 오직 바른 스승을 만나는 것이었기에 범일은 노인의 모습으로 허공에 몸을 띄워 개청 앞에 나타났다. 범일의 주변에는 옥색 서기가 피어올랐다. 마치 그 모습은 신선처럼 보였다. 소나무 아래에 앉아 수행하던 개청은 홀연히 신묘한 노인이 나타나자, 눈을 빛내며 앙모하는 마음을 감추지 않았다. 개청과 눈이 마주친 찰나, 범일은 자신도 모르게 노인의 모습에서 선승 본연의 자태를 드러내고 말았다. 범일이 말했다.

"그대의 정성에 하늘도 감동했나 보오. 스승을 만날 인연이 이미 무르익은 것 같군요."

감격한 개청이 범일을 향해 절을 올렸다.

"그대는 서둘러 길이 끝나는 곳에 가서 굴령을 찾으세요. 그곳에는 시대를 바르게 보고 중생을 교화하는 보살이자 세속을 벗어난 신인이 있습니다. 그는 능가보월의 마음을 깨달았고, 인도 제천의 종성을 모두 통달하였습니다."

개청은 하늘에서 들려오는 듯한 음성을 한 마디도 놓치지 않았다. 굴령이 어디인지는 알 수 없었으나 이세 가야 할 곳과 만나야 할 스승이 있다는 환희로움에 감격했다. 개청이 고개를 들었을 때 허공에는 아무것도 없었다. 하지만 기도 가피를 받은 개청은 기쁜 마음으로 금산에서 내려왔다. 한편 개청 앞에 모습을 드러냈던 범일은 곧바로 삼매에서 깨어났다. 오래도록 찾던 법기를 발견한 범일의 얼굴에 미소가 번졌다. 그날부터 범일은 날마다 개청이 오기만을 손꼽아 기다렸다. 개청은 복덕과 지혜를 타고난 인물이었다. 온화한 부드러움과 치열한 강단을 지녔으니 능히 굴산사의 문도들을 이끌며 사굴산문의 명성을 이어갈 만한 재목이었다.

석 달이 지났을 무렵, 행색은 초췌하나 눈빛이 형형한 젊은 수행자가 오대산 초막 앞에 모습을 드러냈다. 바로 개청이었다. 범일의 눈에 기쁨과 경탄이 흘렀다. 선승의 인도에 의지하여 굴령을 찾아 천리길을 걸어서 범일을 찾아온 것이다. 개청이 큰절을 올리자, 범일이 벌떡 일어나 개청의 손을 잡으며 말했다.

"어찌 이리도 늦었는가! 그대를 기다린 지 오래였다."

개청은 자신을 맞아 주는 범일의 얼굴을 보고 깜짝 놀랐다. 금산에서 만난 신기한 선승의 모습과 똑같았기 때문이다. 범일은 빙그레 미소를 지으며 바로 그 자리에서 개청을 제자로 받아들였다. 개청은 얼마 지나지 않아 깨달음을 얻었고, 범일의 심인(心印)을 받았다. 개청이 굴산사에서 머물기 시작하면서 범일의 오대산행은 더욱 잦아졌다. 범일은 오대산에 오를 때면 제자 신의와 함께 가곤 했다. 공양거리가 없으면 신의가 나무 열매를 주워 와 끼니를 때웠다. 편편한 바위가 없으면 나무 아래에 앉았고, 초막에서 지내지 못할 때면 하늘을 지붕 삼아 수행하였다.

범일은 믿음직한 신의를 보며 산문의 미래가 밝은 것을 느꼈다. 한편으론 이제 신라의 명운이 다한 것을 봤다. 신라가 무너지고 새로운 나라가 세워지는 것은 피할 수 없는 일이었다. 전쟁이 시작되면 백성의 고통과 원한은 더 쌓일 것이었다. 이 땅 곳곳이 전쟁터가 되었을 때 어떻게 해야 중생의 고통과 아픔을 보듬어 줄 수 있을까. 수행과 실천, 지혜와 자비가 둘이 아니기에 범일은 번민의 밤을 지새웠다.

오직 부처님의 자비만이 중생을 괴로움에서 건져 줄 수 있으리라. 부처님의 품속에서 지혜를 얻은 사람만이 다시 희망을 그려낼 수 있으리라. 고통과 괴로움의 화마가 세상을 덮어 버리더라도 성스러운 오대산이 있기에 다시 시작할 수 있으리라. 범일은 전란이 끝났을 때, 불법의 고향이자 성지이며 수행처인 오대산에서 새로운 시대를 열어 가는 희망의 빛을 보았다.

오대산에서 본 세 가지 불행

　범일이 오대산에 불법의 씨앗을 부지런히 뿌리고 가꾸는 동안 서라벌에서는 불운의 조짐이 잇따라 나타났다. 868년 음력 5월 5일 단옷날, 민가에서 경문왕의 서자가 태어났다. 왕비와 둘째 부인 몰래 사통하여 낳은 서자였다. 아이의 관상을 본 이들은 한결같이 아이의 운명이 지극히 불길하다고 입을 모았다. 그로부터 한 달 뒤, 황룡사 대탑이 벼락을 맞아 무너졌다. 이 사실을 전해 들은 경문왕은 식은땀이 흐르고 소름이 돋았다. 이 모든 게 불운한 아이 때문이라는 환청이 경문왕을 괴롭혔다. 결국 경문왕은 갓난 서자를 성문 밖에 버리라고 명했다. 버려진 이 아이는 아버지가 누구인지 모른 채 유모의 손에 자랐다. 이 아이가 바로 신라 말, '태봉'을 건국하고 임금을 자처하며 후삼국시대의 한 축을 담당한 궁예이다. 궁예의 탄생은 신라의 붕괴를 알리는 첫 번째 불행이었다.

경문왕 재위 10년째인 870년은 악몽과도 같았다. 5월, 왕비가 세상을 떠나자마자 지진과 홍수가 연이어 전국을 휩쓸었다. 곡식을 베풀고 백성들을 위무하였으나 모심기를 해야 할 때에 늦은 가뭄이 찾아왔다. 또한 그해 겨울 간신히 살아남은 백성들은 추위와 굶주림을 견디지 못했다. 봄이 되어 날이 따뜻해지자 즐비한 시체들이 썩으면서 전염병이 돌았다. 민심이 극도로 악화된 상황에서 경문왕은 벼락 맞은 황룡사 대탑 복원을 강행하였다. 3년에 걸친 불사 끝에 873년 스물두 장(약 66m) 높이의 9층 대탑이 완공되었다. 무리한 황룡사 복원 불사는 신라의 망국을 앞당기는 두 번째 불행이었다.

재위 말년, 오직 불사에만 매달리던 경문왕은 태자와 왕자, 공주를 볼 때마다 자신이 세상을 떠나거든 '명주 굴산사의 범일'을 꼭 찾아서 국사로 모시라고 당부했다. 그로부터 얼마 지나지 않아 재위 15년째 되던 875년 7월, 경문왕은 서른 살의 젊은 나이로 승하하였다. 태자 정이 15세의 나이로 왕위를 계승하니 바로 신라 제49대 헌강왕이다.

877년 정월, 개경에서 고려 태조 왕건이 태어났다. 같은 해 헌강왕은 명주로 사람을 보내 범일을 국사로 청했다. 하지만 범일은 이번에도 정중히 거절했다. 범일은 하늘과 별을 보고 머지않아 이 땅을 불국토로 완성할 새로운 제왕(왕건)이 태어난 것을 보았고, 신라의 명운이 길지 않다는 것을 알았다. 새로운 왕이 탄생하는 날이 왔을 때 백성들과 병사들이 무모한 죽음을 맞이하지 않도록 준비해야 했다. 다행히 헌강왕은 범일의 거절을 받아들였다.

헌강왕이 즉위한 후 신라는 한동안 평안하였다. 당나라의 황제는 사신을 보내 신라왕의 책봉을 공고히 하였고, 왜(일본)에서도 사신을 보냈다. 880년 9월 9일, 헌강왕은 신하들과 함께 월상루에 올라 사방을 둘러보았다. 눈길이 닿는 곳마다 집들이 빼곡했고 민가에서는 노래가 들려왔다.

"내가 듣건대, 지금 민간에서는 지붕을 초가나 띠풀이 아닌 기와로 덮고 밥을 지을 때는 땔나무를 쓰지 않고 숯으로 짓는다고 하는데 과연 그러한가?"

헌강왕이 즐거워하며 묻자, 민공이 대답했다.

"왕께서 즉위하신 이래 음양이 조화롭고 비바람이 순조로워 해마다 풍년이 들어 백성들은 먹을거리가 넉넉하고, 변방 지역은 잠잠하여 민간에서는 기뻐하고 즐거워하니, 이는 전하의 성스러운 덕의 소치이옵니다."

입에 발린 아첨에 가까운 칭송이었으나 왕은 기뻐하였다. 시중 민공의 일가 중에 명주에 사는 이가 있어 이 소식을 전해 듣고 범일에게 들려주었다. 그러자 범일은 잠시 눈을 감았다가 무거운 얼굴로 한마디만 남겼다.

"회광반조(回光返照)."

밖으로 향한 빛을 거두어 자기 마음을 비추라는 뜻이었다. 남의 칭송에 취해 밖을 향해 흩어진 마음을, 이제는 안으로 돌이켜 보라는 경책이었다. 태평성세라는 말에 스스로 도취된 순간이야말로 가장 경계해야 할 때라는 뜻이기도 했다.

그러나 헌강왕은 자신을 둘러싼 찬사에 점점 익숙해졌다. 수시로 연회를 베풀고 술에 취해 거문고를 타며 쾌락에 기울었다. 밖으로 향한 빛은 점점 강해졌지만, 안을 비추는 등불은 점차 희미해졌다. 886년 겨울, 그는 갑작스러운 병환으로 쓰러졌고 다시 일어나지 못했다. 황룡사에서 백고좌를 베풀며 회복을 기원했으나 이듬해 스물여섯의 젊은 나이로 세상을 떠났다.

범일의 한마디는 예언이 아니었다. 다만 스스로를 돌아보지 못한 권력의 말로를, 선승의 언어로 조용히 짚었을 뿐이었다.

헌강왕의 유일한 아들은 갓난쟁이로 민가에 태어난 서자였다. 하여 헌강왕의 동생 '김황'이 왕위를 계승했다. 헌강왕과 더불어 밤늦도록 서라벌을 돌아다니며 쾌락을 함께 즐겨온 김황은 쇠약한 몸으로 왕위에 올랐다. 신라 제50대 정강왕이다. 정강왕은 왕위에 오른 직후 서둘러 명주로 칙사(勅使)를 보내 범일을 국사로 청했다. 정강왕의 칙사를 만난 범일은 길게 한숨을 쉬었다. 정강왕에게 주어진 제왕의 명운이 유난히도 짧은 것을 이미 보았기 때문이었다. 범일은 내색하지 않은 채 국사의 직을 정중히 거절하였다. 범일의 거절이 서라벌에 도착했을 때쯤 정강왕의 병환은 심각해졌다. 왕위에 오른 지 1년 만에 정강왕은 누이인 공주 '만'에게 왕위를 전한다는 유언을 남겼다.

"내 병이 위독하여 필시 다시는 일어나지 못할 것이다. 불행히도 내게는 대를 이을 아들이 없으나 여동생 만(曼)은 천성이 명민하고 골격이 흡사 건장한 사내와 같으니, 그대들은 마땅히 선덕왕과 진덕왕의 옛일을 본받아서 그녀를 왕으로 세우는 것이 좋겠다."

헌안왕은 "선덕왕과 진덕왕의 옛일을 따를 수 없으니, 사위에게 왕위를 잇게 한다."라는 유언을 남겼고, 경문왕이 왕위에 올랐다. 하지만 경문왕과 헌강왕이 승하하자 다시 여왕을 세울 수밖에 없는 상황이 된 것이다. 범일은 제왕의 별에 붉은 구름이 가득한 것을 보면서 신라의 국운이 기울고 있으며 여왕이 즉위하면 문란함이 가득하고, 고통과 혼란이 끊이지 않을 것을 알았다. 여왕의 즉위는 신라의 명운을 재촉하는 세 번째 불행이었다.

열반, 오대산에 뿌린 선종의 씨앗

기울어 가는 신라의 국운과는 달리, 범일의 명성은 오히려 더욱 높아졌다. 제48대 경문왕이 그를 국사로 추대하고자 한 데 이어, 제49대 헌강왕과 제50대 정강왕 또한 즉위하자마자 범일을 국사로 추대하고자 했다. 그러나 범일은 세 번 모두 이를 사양하고 굴산사에 머물렀다.

세 왕의 부름을 물리치고 사십 년 동안 굴산사를 지킨 그는, 명주 백성들에게 정신적 버팀목이자 살아 있는 부처님과도 같은 존재였다. 한편 범일은 자신에게 남은 날이 그리 길지 않음을 알고 있었다.

그는 신의를 데리고 마지막으로 오대산에 올랐다. 개청을 만나고, 예전 신의가 발원을 세웠던 초막에 함께 앉았다. 잠시 침묵이 흐른 뒤, 범일의 입가에 잔잔한 미소가 번졌다.

"스님, 어찌하여 웃으십니까?"

범일은 멀리 산허리를 바라보며 말했다.

"이 자리에 전각이 세워진 모습을 보았다. 그대의 불사는 반드시 이루어질 것이다."

"스님의 눈은 더 먼 곳을 보고 계셨습니다."

"역시 눈이 밝구나. 내가 떠나고 수백 년이 지난 후 이곳에 오게 될 수행자를 보았다. 그를 보고 웃은 것이다. 뭇 수행자들의 스승이 될 그로 인하여 오대산에서 칡넝쿨이 사라지겠구나. 허허허."

"그것이 누구입니까?"

"청년의 얼굴을 한 노승이다."

"네? 그게 무슨 뜻입니까?"

범일은 빙그레 웃으며 말을 이었다.

"허허허, 그대들이 끝내 청정함을 잃지 않고 수행한다면, 오대산에 뿌린 불법의 종지는 끊이지 않고 이어질 것이다. 오대산에서 불법이 융성하겠구나!"

신의는 그 말을 온전히 이해할 수는 없었다. 그러나 자신이 보지 못하는 어떤 미래를 스승은 이미 바라보고 있음을 느꼈다. 그리하여 더 묻지 않고 조용히 고개를 숙여 스승의 말씀을 수긍하는 예를 표시했다.

범일은 신의와 함께 오대산을 찬찬히 돌아본 뒤, 다시 굴산사로 내려왔다. 그것이 그의 마지막 오대산행이었다.

889년 4월, 범일은 행적의 시봉을 받으며 제자들을 불렀다.

범일의 명으로 산문 밖에 있던 개청을 제외하고, 굴산사의 제자들이 오랜만에 한자리에 모였다. 범일은 제자들의 얼굴을 한 명 한 명 찬찬히 바라보았다. 입멸을 앞둔 스승의 깊은 자애가 방안을 가득 채웠다. 스승의 눈길을 마주한 제자들의 눈에는 어느새 눈물이 고였다. 범일은 제자들을 향해 당부했다.

"나는 이제 먼 길을 떠나려 한다. 여기서 너희들과 작별해야겠다. 너희들은 세속의 감정으로 공연히 슬퍼하지 말라. 다만 스스로 마음을 닦아 종지를 잃지 말라."

이 자리를 마지막으로 범일은 더 이상 제자들을 한자리에 부르지 않았다. 법문도 남기지 않았다. 그 후 시봉도 물리고 홀로 좌선에 드는 날이 잦았다.

5월 1일, 오른쪽 옆구리를 바닥에 대고 두 발을 포갠 채 고요히 입적하였다. 세수 80세, 승랍 60세였나. 범일의 입적 소식이 조정에 전해지자, 왕이 '통효 대사(通曉大師)'라는 시호(諡號)와 '연휘(延徽)'라는 탑호(塔號)를 내렸다. '통효'는 불법(佛法)에 통달하여 중생을 깨우쳤다는 뜻을 담은 존호였다. 이는 범일의 덕망과 교화를 기리는 예우였으며, 굴산사와 사굴산문의 위상을 더욱 굳건히 하는 계기가 되었다. 하지만 제자들에게 시호와 탑호, 산문의 위상이 높아진 것은 위로가 되지 못했다. 법맥은 이어졌으되, 그 법을 몸소 보이고, 이끌어 주셨던 스승이 곁에 없다는 상실감에 제자들은 깊은 슬픔을 가눌 길이 없었다.

범일과 동시대를 살았던 고운 최치원(857~?)은 봉암사 지증 국사(824~882)의 비문을 지었는데, 이 비문에 구산선문과 범일을 함께 언급하였다. 이는 당시 범일과 사굴산문의 위상을 잘 보여 주는 사료라 할 수 있으니, 그 내용은 다음과 같다.

…(생략)… 혹은 중국에서 득도하고 고국에 돌아오지 않고 입적하신 분도 있고, 득도하여 고국에 돌아오신 분도 있으니, 큰스님이 된 분들을 손가락으로 꼽을 만하였다. …(중략)… 굴산사의 범일(사굴산문의 개조) …(중략)… 등은 선종인(禪宗人)으로 덕이 두터워 중생들의 아버지가 되었으며 도가 높아 왕의 스승이 되었다. …(생략)…

낭공 행적, 서라벌에서 선법을 펼치다

　범일이 입적한 뒤 개청과 행적 그리고 신의는 각자의 자리에서 스승의 법맥을 이어갔다. 한 사람의 죽음은 끝이 아니라 또 다른 시작이었다. 범일과 제자들의 모습은 마치 석가모니 부처님과 그 제지들의 자취를 떠올리게 한다. 그중 행적의 모습은 부처님의 상수제자 사리불과 곁에서 모시던 아난존자 두 분을 합쳐 놓은 듯 닮았다. 사리불과 목건련은 이미 스승이 있었으나 부처님을 만나고 바로 그 자리에서 부처님의 제자가 되었다. 그들처럼 행적은 가야산 해인사에서 출가하여 화엄학을 공부하고, 847년 복천사에서 구족계를 받은 뒤 범일의 가르침을 배우기 위해 굴산사로 온 것이다.

　여러 해 동안 범일의 문하에서 선(禪)을 배우던 행적은 당나라 유학을 떠났다. 당나라 황제의 존경을 받았고, 여러 성지를 순례하며 공부한 행적은 15년 만에 귀국했다. 그리고 다시 굴산사로 돌아왔다. 그 뒤로 그는 스승 범일의 곁을 떠나지 않고 마지막까지 가르침을 받았다. 범일의 유훈을 듣고, 입멸에 든 순간에도 함께했다. 아난존자 역시 그러했다. 부처님 곁에서 시봉하며 유훈을 듣고 반열반에 든 부처님의 마지막을 지켰다. 스승은 떠났으나, 법은 제자를 통해 이어졌다. 육신은 사라져도 뜻은 남고, 한 사람의 깨달음은 또 다른 사람의 수행을 통해 다시 살아나 영원을 이어간다.

범일이 입적한 후 행적은 서라벌로 향했다. 당나라 유학 당시 당 황제의 존경을 받았던 행적은 서라벌에 이미 이름이 널리 알려져 있었다. 게다가 범일의 유훈을 직접 받은 치명제자라는 후광까지 더해져 왕실과 귀족들은 그를 깊이 공경하였다. 그는 경주 실제사에 머물면서 선의 가르침을 펼쳤다. 또한 제52대 효공왕(재위 897~912)이 국사로 추대했을 때 사양하지 않았다. 왕실 권력과 거리를 두었던 범일과는 다른 선택을 한 것이다. 그 또한 선법을 널리 전하기 위한 방편이었을지도 모른다. 그는 제53대 신덕왕(재위 912~917) 대에는 만요부인의 후원으로 석남산사에 주석하며 선법을 전했다.

이러한 행적의 맹활약 덕분에 범일의 법통은 이제 사굴산문을 넘어 수도 서라벌 한가운데에서 꽃피었다. 선법은 왕실과 귀족사회, 백성들 사이에도 스며들어 신라 전체에 고요하면서도 단단하게 뿌리를 내렸다.

916년, 행적은 세수 85세, 승랍 61세로 석남산사에서 입적하였다. 그를 따르는 제자가 500여 명에 이르렀다. 국사로 존경받은 행적은 마지막 순간까지 스스로를 범일의 제자라 여겼다. 그는 범일의 정신이 오롯이 담긴 선불교를 전하는 것에 최선을 다했다. 입적하기 직전, 행적은 제자들에게 마지막 법문을 했다.

"도를 굳게 지켜 잃지 말라.

그대들은 정진에 힘쓰되, 게을리하지 말라."

두타 신의, 스승의 뜻을 받들어
오대산에 뿌리를 내리다

행적이 굴산사를 떠나 서라벌로 갔다면 신의는 오대산으로 향했다. 범일과의 약속을 지키기 위해서였다. 신의는 일찍이 도반들로부터 '두타'로 불렸는데 이는 곧 두타행으로 이름을 널리 떨쳤던 부처님의 의발제자 마하가섭과 닮았기 때문이다. 언제 어느 때나 거리낌 없이 두타행을 계속하여 많은 이의 존경을 받았다. 신의의 두타행은 곧 사굴산문의 청정함을 드러내는 상징이 되었고 사람들의 신심을 불러일으켰다.

오대산으로 들어간 신의는 자장이 세우고, 신효 거사와 범일이 머물며 수행했던 초막에 법당을 짓고 사찰로 만들었다. 산을 깎고 흙을 퍼내고 나무를 깎고 바위를 다듬어 세워 법당을 지었다. 어려움도 많았으나 신의는 주저함 없이 불사(佛事)를 지어갔다. 신의의 신심 깊은 발원은 불자들의 마음을 움직였다. 자장 율사의 초막이 있던 자리에 신의가 중창한 법당이 바로 오대산 월정사의 시작이다.

"도는 따로 있지 않으니 다만 더럽히지 말고 오직 잃지 말라."라는 범일의 가르침은 신의가 중창한 월정사 주춧돌에 새겨졌고, 범일의 정신은 오대산에 선불교의 뿌리를 내렸다.

『삼국유사』와 민지의 『효신거사친견오류성중사적』에서는 월정사와 범일 그리고 신의의 관계를 이렇게 기록하고 있다.

> 월정사(月精寺)는 처음에 자장 법사가 모옥을 지었으며, 그다음에는 신효 거사(信孝居士)가 와서 살았고, 그다음에는 범일(梵日)의 제자인 신의 두타(信義頭陀)가 와서 암자를 세우고 살았으며 뒤에 또 수다사(水多寺) 장로(長老) 유연(有緣)이 와서 살았다. 이로부터 점점 큰 절을 이루었다. 절의 다섯 성중(聖衆)과 9층으로 된 석탑(石塔)은 모두 성자(聖者)의 사취이다.
>
> ―『삼국유사(三國遺事)』, 「대산월정사오류성중(臺山月精寺五類聖衆)」

> (신효) 거사가 죽은 이후 신의 두타(信義頭陀)가 계승하여 중창하였는데, 의공(義公) 즉 범일 국사의 10명의 성스러운 제자 가운데 하나이다.
>
> ―『민지(閔漬)』, 「효신거사친견오류성중사적(孝信居士親見五類聖衆事跡)」

낭원 개청과 지장선원

　범일은 입적한 후 행적은 국사가 되어 서라벌에서 법을 펼쳤고 신의는 오대산에 범일의 숨결을 불어넣었다. 그리고 개청은 명주에 남아 사굴산문을 지켰다. 개청은 두타행을 하지는 않았으나 그 외 많은 부분에서 마하가섭과 흡사했다. 마하가섭은 훌륭한 혈통과 신분을 지닌 대부호 가문의 외아들로 태어났다. 부모님이 출가를 반대하자, 두 분 모두 돌아가실 때까지 기다렸다. 부모님이 돌아가시자 마하가섭은 모든 재산을 정리하고, 스승을 찾아 수행의 길을 떠났다.

　개청 또한 서라벌의 귀족 출신으로 일찍부터 출가할 뜻을 품었다. 화엄사에서 출가한 개청은 안락하고 편안한 환경에서 수행할 수 있었으나 모든 것을 내려놓고 산문을 나섰다. 오직 깨달음을 구하기 위해서 산중에 들어선 개청은 곡기까지 끊고 솔잎만 먹으며 수행했다. 홀로 수행하던 개청은 어느날 삼매에서 선객을 만났다. 선승의 모습으로 나타난 그는 개청에게 '굴령'을 찾아가면 '대사'가 있다고 알려 주었다. 개청은 남해에서 굴령까지 천 리 길을 걸어 스승을 찾아갔다. 마침내 오대산에서 범일을 만났다. 범일과 개청의 만남은 보현사 낭원대사오진탑비에 상세하게 기록되어 있다.

> 스님은 마땅히 빨리 이 길의 끝까지 가되 먼저 굴령(崛嶺)을 찾아가시오. 거기에는 시대를 뛰어넘는 대사이며 세속을 벗어난 신인(神人)이 계시니, 능가보월(楞伽寶月)의 마음을 깨달았고, 인도제천(印度諸天)의 종성(宗性)을 모두 통달하였다. 대사는 그 길로 불원천리(不遠千里)하고 오대산에 이르러 통효 대사를 친견하였다.
>
> － 「보현사 낭원대사오진딥 비(普賢寺朗圓大師悟眞塔碑)」

범일과 개청의 만남은 범일 국사가 굴산사뿐만 아니라 오대산에서 활동하며 제자를 양성했다는 점을 짐작할 수 있기에 매우 중요한 의미가 있다.

개청이 찾아와 제자의 예를 올리자, 범일이 기뻐하며 말했다.

"어찌 오는 것이 이리도 늦었는가! 그대를 기다린 지 오래였다."

범일과 개청의 만남이 오대산에서 이루어졌다면 부처님과

마하가섭의 만남은 길 위에서 이루어졌다. 개청에게는 범일의 신통력이, 마하가섭에게는 부처님의 신통력이 만남을 주도했다. 부처님은 천안통으로 미리 보고, 마하가섭이 지나가는 길목에 앉아서 그를 기다렸다. 길 위에서 부처님을 만난 마하가섭은 부처님의 두 발에 이마를 대고 말했다.

"당신은 제 스승이십니다."

그러자 부처님께서는 마하가섭에게 미소를 지으며 말씀하셨다.

"가까이 오라, 그대를 기다렸다."

마하가섭이 예배하며 환희심에 넘쳐 말했다.

"당신은 제 스승이십니다. 저는 당신의 제자입니다. 당신은 진정 제 스승이십니다. 저는 영원히 당신의 제자입니다."

그러자 부처님께서 말씀하셨다.

"아는 척하거나 본 척하는 거짓된 스승이 그대처럼 진실한 마음을 가진 사람의 예배를 받는다면 그의 머리는 일곱 조각으로 깨어질 것이다. 나는 모르면서 아는 척하거나 보지 못했으면서 본 척하는 사람이 아니다. 보아라, 나는 그대의 예배를 받고도 터럭 하나조차 움직이지 않는다. 나는 사실대로 알고 사실대로 보았기에 알고 본다고 말한다. 나는 그대의 예배를 받을 자격이 있다. 그렇다, 나는 그대의 스승이고 그대는 나의 제자다."

마하가섭은 부처님이 직접 맞이하러 나간 유일한 제자였다.

범일 역시 개청의 삼매에 직접 모습을 드러내어 그를 오대산으로 오게 하였다. 행적과 신의가 굴산사로 범일을 찾아가 제자가 된 것과는 사뭇 다른 점이다. 마하가섭이 부처님과 일주일 동안 같이 수행하며 깨달음을 얻은 후 함께 죽림정사로 온 것처럼 개청 또한 오대산에서 범일의 가르침으로 깨달음을 얻은 뒤 심인(心印)을 받고 굴산사로 왔다.

그 후 개청은 연로한 범일을 대신하여 문도들을 이끌었다. 범일이 입적했을 때, 개청은 오대산에 있었다. 이 또한 마하가섭이 부처님의 열반을 지키지 못한 것과 닮았다. 부처님이 열반하신 후 마하가섭은 부처님의 법을 계승하여 교단을 이끌고 제자들을 지도했다. 개청도 범일이 입적한 후 사굴산문의 실질적인 수장이 되어 문도들을 이끌었다. 스승의 입멸을 알아차린 개청이 서둘러 굴산사로 돌아오자, 제자들은 검은색 두건을 쓰고 슬픔에 잠겨 있었다.

개청은 문도들과 함께 정성을 다하여 범일의 사리를 수습하여 부도탑과 비석을 세웠다. 스승의 뜻을 계승하려면 산문이 무너지지 않도록 지켜야 했다. 하지만 굴산사를 지키는 것은 점점 버거웠다. 범일이 주석할 때 크게 번창했던 굴산사는 난세가 시작되자 도적들의 노략질 대상이 되었다. 어느 순간부터 사찰 안팎에서 도적과 마주치는 일이 잦아졌고 백성과 도적을 구별하기가 점점 어려워졌다.

그 무렵 알찬 민규가 개청에게 보현산사의 주지가 되어 달라고 청했다. 보현산사는 제28대 진덕여왕 4년(650) 자장 율사가 창건한 사찰이었으나 오랜 세월 방치되어 있었다. 마침 민규의 원력과 후원으로 중창이 이루어졌다. 민규는 일찍이 개청을 존경하여 그의 제자가 되었고, 오랫동안 굴산사를 후원한 인물이기도 했다. 그는 사굴산문의 법이 한 산문에 머무르지 않고 더 넓게 펼쳐지기를 바랐다. 하지만 개청은 '인연이 있다면 살게 될 것'이라며 몇 차례나 사양했다. 스승이 머물던 굴산사를 지키는 것을 제자의 도리라 여겼기 때문이다. 그러나 그것만이 스승의 법통을 지키는 전부가 아니라는 것, 법은 어떤 공간에 묶이는 것이 아니라 인연을 따라 흐르는 것임을 깨달았다. 결국 민규의 청을 받아들여 개청은 보현산사로 향했다.

그 당시는 권력자에게 불교가 때때로 통치의 수단이 되었던 시대였다. 그러나 수행자의 눈과 마음은 언제나 중생을 향해 있었다. 신라 왕실이 혼란에 빠진 시기, 범일은 청정한 수행으로 선불교를 이끌며 낙산사에 정취보살을 조성하여 백성들의 지친 마음을 위로했다. 한 세상이 무너져 가는 난세 속에서 두려움과 불안에 떠는 이들에게 신앙은 곧 희망이었다. 그래서 범일은 관음 신앙의 중심 도량인 낙산사에 전각을 지어 정취보살을 모셨던 것이다.

개청이 보현산사에 머물면서 선법을 펼치자, 수행자와 백성들이 개청의 가르침을 받기 위해 구름처럼 몰려들었다. 보현산사는 학인과 대중을 수용하기 어려울 지경이었다. 전란이 계속되는 상황에서 개청은 지장보살의 원력을 담아 지장선원을 세우기로 했다. 삶이 무너진 중생을 위로하고 다독여 주는 일은 곧 선(禪)을 닦는 간절한 마음과 다르지 않기 때문이다. 지장선원 중창 불사는 왕실이 아닌 백성들 스스로 참여한, 실로 놀라운 불사였다. 이 불사를 통해 대관령 중턱에 수많은 대중과 스님이 상주할 수 있는 대규모 선원이 건립되었다.

선승들이 기꺼이 백성들과 함께 초목을 베어내고 길을 닦아서 건립한 지장선원, 그렇게 사굴산문의 정신은 개청의 지장선원으로 이어졌다. 정취보살이 지혜의 화신이요, 선불교의 안내자라면 지옥 중생을 다 구하기 전까지 성불하지 않겠노라는 지장보살은 자비의 화신이다. 개청이 세운 지장선원은 그렇게 난세의 한복판에서 선(禪)과 자비가 만나는 도량이 되었다.

곧 선승들을 도우며 무성한 초목을 베어내고는 둔덕을 깎아 평평하게 하고 길이 멀리 통하게 하였다. 또 절의 건물과 전탑(흙을 구워 올린 탑)을 크게 수축하고 담장을 치고 대문을 크게 열어 회상을 차리니 오는 자가 구름과 같았으며 받아들이기는 바다와 같이 하였다. 상서로운 도량이므로 크게 기뻐하였고, 지혜의 달이 처마를 비추는 듯하고, 공덕의 숲에 귀의하니 자비의 구름이 절집을 자욱이 덮은 듯하였다.

— 「보현사낭원대사오진탑비 (普賢寺朗圓大師悟眞塔碑)」

개청을 후원한 또 한 명의 중요한 단월(신도)은 명주의 호족이자 장군인 순식(김순식→왕순식)이다. 지장선원의 선풍과 개청의 명성이 명주를 넘어 금성까지 전해졌다. 마침내 제55대 경애왕(재위 924~927)이 중사 최영을 명주로 보내 국사의 예를 표하고 서라벌로 초청했다. 최영이 조서를 지니고 지장선원에 도착했을 때, 순식은 따르는 이들을 이끌고 선원에 가서 백성들과 함께 축하의 예를 올렸다. 개청이 왕의 부름을 받아 국사로 봉해졌다는 소식이 퍼지자, 이웃 마을의 관리들까지 몰려들어 수레의 행렬이 끊이지 않았다. 수행자와 백성을 위해 닦아 놓았던 산중의 길이 이날만큼은 축하 행렬로 가득 메워졌다.

경애왕의 간곡한 청을 차마 외면하지 못한 개청은 순식의 호위를 받으며 서라벌로 향했다. 관리들과 백성들의 환호 속에 개청의 행렬은 장관을 이루었다. 가는 길에 중사 최영은 개청의 임금에 대한 충정을 칭송하고, 명주의 온 백성들이 한마음으로 불법(佛法)을 받드는 것을 찬탄하며, 이 모든 것이 개청의 공덕임을 거듭 밝혔다. 서라벌에 도착한 개청은 먼저 왕을 만났다. 그러나 국사로서 서라벌에 머물지 않고, 노구를 이끌고 다시 보현산사로 돌아왔다. 명주에서 서라벌로, 다시 서라벌에서 명주로 이어진 길고 힘든 여정은 노승의 몸에 무리가 되었다. 개청은 결국 가벼운 병을 얻었고, 이제 자신의 시간이 얼마 남지 않았음을 알았다.

제55대 경순왕 4년(930년) 가을, 개청은 보현산사에서 세수

96세, 승랍 72세로 입적하였다. 개청의 입적 소식을 들은 문도들은 슬픔을 이기지 못해 통곡하였다. 문도들과 백성들이 보현산사로 몰려와 개청이 빛으로 돌아가는 날을 기렸다. 고려 태조 왕건은 그의 덕행을 기려 낭원 대사(朗圓大師)라는 시호와 오진(悟眞)이라는 탑명을 내렸다. 난세에도 선풍을 일으키고 자비 도량을 세운 개청의 공덕에 대한 예우였다.

개청의 문하에는 신경(神鏡)을 비롯한 총정(總靜)·월효(越晶)·환언(奐言)·혜여(惠如)·명연(明然)·홍림선사(弘琳禪師) 등 뛰어난 제자들이 있었다. 그들은 사굴산문을 이끌며 범일의 법맥을 이어갔다. 스승은 떠났으되 제자들이 있어 그 법이 면면히 전해지는 것이다. 940년(태조 23), 고려 태조 왕건의 명으로 당대 최고의 명필과 장인을 동원하여 '보현사 낭원대사오진탑비'를 세웠다. 오늘날까지 남아 있는 이 탑비는 1963년 1월 21일 '보물 제192호'로 지정되어, 한 시대의 선풍을 떨친 선사의 자취를 전하고 있다.

상족제자(上足弟子)인 신경(神鏡)·총정(總靜)·월효(越晶)·환언(奐言)·혜여(惠如)·명연(明然)·홍림선사(弘琳禪師) 등은 모두 혜원(慧菀)에 머물며 함께 선경(禪局)을 지켰는데, (낭원개청 대사의) 법유(法乳)를 생각하는 마음이 해마다 깊어지고 자애로운 얼굴을 떠올리는 것이 날마다 이어졌다. …(중략)… 지금의 임금(今上 태조 왕건)께서는 성스러운 문장이 세상에서 빼어나며 뛰어난 무용(武勇)을 타고나 삼구(三駈)의 전략으로 삼한(三韓)을 평정하며 한 번 움직여 일통(一統)을 이룩하였다. 지금은 금경(金鏡)을 높이 걸어 청구(靑丘)를 널리 비추어 그로써 백성을 진휼하고 이미 중흥(中興)의 운세를 이루었다. 불교[釋氏]에 귀의하니 모두 외호(外護)의 은혜를 입게 되었다. 이로써 시호를 내려 낭원대사(朗圓大師)라고 하고, 탑명(塔名)을 오진지탑(悟眞之塔)이라고 하였다. 거듭 하신(下臣)에게 명하여 고귀한 행적을 널리 알리도록 하였다.

- 「보현사 낭원대사오진탑비(普賢寺朗圓大師悟眞塔碑)」

범일 국사와 사굴산문 연대기

연대	활동
810(헌덕왕 2)	강릉 학산에서 출생. 속성(俗姓)은 계림(鷄林) 김씨. 조부는 명주 도독을 지낸 김술원(金述元)으로 강릉의 호족이다.
824(15세)	고향 명주에서 출가.
829(20세)	경주에서 구족계(具足戒)를 받음. 교학과 수행이 뛰어나 촉망받음.
836~842(33세)	신라 왕자 김의종과 동행하여 당나라 유학. 항주 개국사(開國寺)에 머물다가 순례길에 오름. 염관(鹽官) 제안 대사(齊安大師) 문하에서 6년 동안 수행하며 심인을 받고 시중을 계승. 제안 대사 입적 후 호남성에서 약산(藥山) 유엄 대사(惟儼大師)에게 법을 인가받음.
844(35세)	회창폐불을 겪으며 상산에서 6개월 동안 은거.
845~847(38세)	폐불을 단행한 당 무종 승하 후 육조 혜능 진신탑을 참배하고 승지를 순례하며 선종을 수행하고 귀국.
847~850(41세)	서라벌에서 3년 동안 지내다가 박달산으로 거처를 옮겨 주석.

851(42세)	명주 도독 김공(金公)의 청으로 굴산사(堀山寺) 주지를 맡음. 입적할 때까지 굴산사에서 40여 년을 주석하며 사굴 산문을 개창. 오대산을 중심으로 선종 전법에 매진, 명주의 정신적 지주로 자리매김.
858(49세)	낙산사에 정취보살을 모실 전각을 조성하고 낙산사를 중건.
867(58세)	오대산으로 제자 개청(33세)이 찾아옴.
870(61세)	제자 행적(38세)이 당나라 유학.
871(62세)	경문왕이 중사(中使)를 보내 국사로 추대하고자 했으나 거절함.
880(71세)	헌강왕이 중사(中使)를 보내 국사로 추대하고자 했으나 거절함.
885(76세)	제자 행적(53세)이 당나라에서 귀국한 후 굴산사에서 시봉하며 법을 계승함.
887(78세)	정강왕이 중사(中使)를 보내 국사로 추대하고자 했으나 거절함. 세 차례에 걸친 권유에도 왕실로 나아가지 않고 사굴 산문의 선풍을 진작.

889(80세)	굴산사에서 입적. 신라 왕실에서 통효 대사(通曉大師) 시호와 연휘(延徽)의 탑호를 하사.
906(효공왕 10)	효공왕이 범일의 제자 행적(74세)을 국사로 추대함.
915(신덕왕 4)	신덕왕이 범일의 제자 행적(83세)을 국사로 추대함. 낭공 대사(郎空大師) 시호와 백월서운(白月栖雲)의 탑호.
916(신덕왕 6)	행적(84세)이 석남산사에서 입적.
918(경애왕 2)	왕건이 고려를 건국.
927(경애왕 11)	경애왕이 범일의 제자 개청(93세)을 국사로 추대함.
930(경순왕 4)	개청(96세)이 보현산사에서 입적. 태조(왕건)가 개청에게 낭원 대사(朗圓大師)의 시호와 오진(悟眞)의 탑명을 하사.
936(태조 19)	왕건이 삼국을 통일.
940(태조 23)	낭원 대사 개청의 비가 건립.
	대관령국사성황신으로 대관령성황당에 좌정(坐定)됨.

4장

신이 된 스님

왕순식과 이승사(異僧祠)

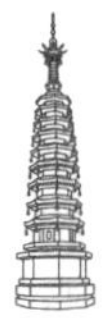

늘 왕의 자리에서 벗어나길 바랐으나 어좌에 앉아 죽음을 맞이한 애장왕은 신라 선종 불교의 씨앗이 되었다. 하늘은 범일을 왕의 아들로 태어나게 했으나 그 사실을 아는 이는 천지에 아무도 없었다. 그래도 숙명의 무거운 수레바퀴는 범일을 왕실로 이끌었다. 하지만 범일은 장엄한 어좌의 굴레에 들어서는 대신 선승의 길을 선택했고 마침내 오대산에서 완전한 자유를 찾았다. 세 왕으로부터 받은 국사 추대를 거절하고 40년을 한자리에서 주석했던 범일은 왕실과 거리를 두면서도 교류를 끊어내지는 않았다.

범일은 고귀한 혈통을 지닌 왕실의 탐욕과 욕망이 빚어낸 혼탁함 속에서도 한 줄기 청정함을 찾아내어 바른길을 선택하도록 도왔다. 그렇게 범일의 존재는 오대산에서도, 서라벌에서도 정신적 의지처가 되었다. 그렇기에 범일의 열반은 고승의 입적이 아닌 새로운 전설의 시작이 될 수 있었다. 왕의 길을 버리고 육신마저 벗은 범일은 신(神)이 되었다. 오대산에 남은 것은 범일을 향한 민중의 간절한 염원이 모여 세워진 튼튼한 바람이었다.

왕순식은 범일 국사가 대관령의 '성황신'이 되는 가장 중요한 역할을 한 인물이다. 범일이 선사(禪師)에서 신(神)으로 되는 과정은 왕순식과 고려 태조의 인연 덕분에 기록으로 남을 수 있었다. 역사의 기록에 남은 왕순식의 행적 덕분에 범일이 언제, 어디에서부터 대관령을 수호하는 신이 되었는지를 알 수 있게 되었다.

왕순식의 원래 성은 '김(金)씨'로 본디 명주의 호족이었다. 이후 고려 태조 왕건으로부터 '왕(王)씨' 성을 받은 뒤 그의 후손들 모두 왕씨 성을 쓰게 되었다. 왕순식이 스스로 '명주 장군'이라 칭하고 속초에서 삼척에 이르는 봉토를 지닌 호족이었던 것으로 보아 그는 명주 군왕 김주원의 후손으로 짐작된다. 왕순식의 아버지는 늦은 나이에 불가에 귀의하여 스님이 되었다고 전해진다. 이처럼 왕순식의 집안은 불심이 깊었고 왕순식도 범일의 제자인 개청의 신도였으나 의도적으로 범일을 신격화한 것은 아니었다.

신라 말, 북원경(강원도 원주)에 거점을 두고 봉기한 양길의 부하였던 궁예는 강원도를 정벌하는 선봉에 섰는데 이때 연전연승을 거두며 명주까지 점령했다. 이때 명주의 성주가 바로 왕순식이었다. 『삼국사기』에 따르면 이때 궁예는 "사졸과 함께 고생하며, 주거나 빼앗는 일에 이르기까지도 공평무사하였다."라고 한다. 이런 궁예에게 여러 호족이 투항하였는데 그중에 황해도 송악(개성)의 호족 왕융과 그의 아들 왕건도 있었다.

따르는 이들이 늘어나자 궁예는 민심을 등에 업고 자립을 꾀했는데 이때 왕건이 궁예의 휘하에서 큰 활약을 하였다. 궁예는 송악을 수도로 삼고 왕건을 중용했다. 궁예와의 전투에서 패배한 양길은 역사에서 사라졌다. 901년, 궁예는 마침내 스스로 왕위에 올라 태봉을 건국했다. '태봉'의 임시 국호는 고구려를 계승한 '고려'라 하였다.

하지만 왕위에 오른 궁예는 다른 사람이 된 것처럼 변했다. 자신을 '미륵부처'라고 칭하며 신하들을 함부로 죽이는 등 폭정을 거듭하였다. 결국 918년, 왕건이 여러 신하의 지지를 받아 궁예를 폐위하고 왕위에 올랐다. 나라와 제도는 바뀌지 않은 채, 왕위의 주인만 바뀌는 역성혁명이었다. 왕건의 가장 강력한 경쟁자는 후백제를 건국한 견훤이었다.

견훤의 후백제와 왕건의 고려가 패권을 놓고 전쟁하는 동안 왕순식은 중립을 지켰다. 그러던 중 920년, 신라 왕실에서는 견훤을 견제하기 위해 고려와 화친하여 상호 수호 관계를 맺었다. 화친이라고는 하지만 사실상 왕건에게 견훤으로부터 신라를 보호해달라고 청한 것이었다. 이때 견훤에게 위협을 받고 있던 지방 호족들이 대거 고려에 귀순하였다. 하지만 그중

왕순식은 없었다. 명주는 군사요충지였기에 왕건은 왕순식을
회유하기 위해 개경에서 출가하여 수행하던 왕순식의 아버지
'허월'을 명주로 보냈다. 이에 왕순식은 아들 '수원'을 왕건에게
보내어 마침내 귀순의 뜻을 밝혔고 왕건은 기뻐하며 그에게
'왕씨' 성을 하사하였다.

922년(신라 경명왕 6년, 고려 태조 5년), 발해의 귀족과 백성이 고려
에 대거 귀순하였다. 북쪽 영토가 안정되자 왕건은 견훤과의
일전을 준비하였다. 이때 왕건은 웅주성(공주)을 공략하는 동시
에 대야성(합천) 함락에 성공한다. 웅주성과 대야성은 후백제
의 주요 거점으로 특히 대야성은 견훤이 공들여 얻은 영토이
자 신라 정복을 위한 중요한 전략 요충지였다. 대야성을 빼앗
긴 견훤은 직접 군사를 이끌고 서라벌로 향했다. 경애왕은 서
둘러 왕건에게 구조를 요청했으나 이미 늦어 버렸다. 서라벌에
입성한 견훤은 경애왕을 살해하고 왕비를 비롯하여 왕족, 귀
족, 백성을 가리지 않고 짓밟았다. 그는 김부(신라 제56대 경순왕)
를 왕으로 세운 뒤 왕실과 귀족의 자제들을 인질로 삼은 뒤 기
술자들, 병장기, 보물 등을 탈취하여 백제로 돌아갔다.

왕건이 5천 정예군을 이끌고 서라벌에 도착했을 때는 이미
모든 상황이 끝난 후였다. 왕건은 견훤의 퇴로를 차단하기 위
해 공산에 군사를 배치하고 기습을 계획했다. 하지만 오히려
견훤의 역습에 선봉대는 궤멸했고 왕건과 남은 군사들은 포위
되었다. 참혹한 패배였다. 죽음을 기다리던 왕건을 극적으로

탈출시킨 것은 부하 신숭겸이었다. 신숭겸은 왕건과 옷을 바꿔 입고 적을 유인하였는데, 이때 신숭겸을 비롯한 여덟 장수가 견훤의 군대에 희생되었다고 한다. 이후 공산은 '팔공산(八公山)'으로 불리게 되었다는 이야기가 전해진다.

여덟 장수의 희생으로 왕건은 간신히 목숨을 건졌으나 5천의 정예병을 잃었고 결국 대야성을 빼앗겼다. 병졸의 군복을 입고 겨우 공산을 빠져나온 왕건은 패배감과 슬픔에 빠졌고 사기를 잃은 군사들은 전투마다 패전을 거듭했다. 고려의 존립이 가장 위태로웠던 이때, 왕순식은 왕건을 직접 찾아와 귀순의 뜻을 밝혔다. 절망에 빠져 있던 왕건에게 왕순식의 귀순은 희망의 불씨가 되었다. 왕건은 왕순식을 '대광(大匡; 고려 초기의 고위 관직)'으로 삼았으니 지방 호족 출신의 유일한 대광이었다.

930년, 견훤과 왕선은 고창(안동)에서 후백제와 고려의 운명이 결정된 또 한 번의 일전을 치른다. 고창은 한강 이남에 남아 있는 고려군의 마지막 보루였다. 연이어 패배하던 고창 전투에서 고려군은 극적으로 승리했고, 견훤의 군대는 낙동강 넘어 남쪽으로 퇴각하였다. 고창 전투는 고려와 후백제의 판세를 바꿔놓았다. 934년(고려 태조 17년) 왕건은 운주에 이어서 나주까지 탈환하는 대승을 거두며 승기를 잡았다. 반면 후백제는 내부에서 무너지기 시작했다.

견훤은 일흔이 가깝도록 후계를 정하지 않고 있었다. 견훤에게는 일찍이 전장에서 활약한 장남 신검, 차남 양검, 삼남

용검 등 장성한 아들들이 있었다. 하지만 견훤이 가장 사랑하는 아들은 막내 '금강'이었다. 935년(고려 태조 18년) 견훤이 '금강'을 태자로 정하자 장남 신검은 반란을 일으켜 금강을 죽이고 아버지 견훤은 금산사에 유폐했다. 견훤은 신검의 배신에 분노하여 금산사를 탈출해 왕건에게 귀순한다.

같은 해 10월, 신검이 후백제의 왕으로 즉위하자 신라의 경순왕은 고려에 귀순할 뜻을 밝혔다. 신라의 마지막 화백회의는 항복에 대한 안건이었다. 화백회의는 본디 만장일치를 원칙으로 했으나, 찬성은 과반밖에 나오지 않았다. 하지만 찬성이 더 많았기에 항복이 결정되었다. 화백회의가 끝난 후 경순왕의 아들은 크게 통곡한 뒤 자취를 감췄다. 나라를 잃고 산으로 들어가 생을 마칠 때까지 삼베옷을 입었다는 그가 바로 '마의태자'이다. 11월, 왕건은 경순왕의 항복을 받아들였고 신라천 년의 사직은 그렇게 끝났다. 왕건은 신라의 명칭을 '경주'로 바꾼 뒤 경순왕의 식읍으로 하사하였고, 장녀 낙랑공주를 경순왕과 혼인시켰다. 경순왕의 지위는 태자보다 높이 두었으며 경순왕을 시종하는 이들도 모두 등용하게 하였다.

936년(고려 태조 19년) 2월, 왕건은 8만이 넘는 군사를 이끌고 신검을 토벌하기 위해 나섰다. 이때 선봉에 선 인물은 다름 아닌 견훤이었다. 왕건과 신검의 군사는 일선(선산)에서 전투를 벌였다. 이때 왕순식은 명주에서 일선까지 병사를 이끌고 와서 부대에 합류했고 왕건은 크게 감동하였다. 『고려사』와 『동국여

지승람』에 이때의 상황에 대한 기록이 있다.

태조가 신검을 토벌할 때, 순식이 명주로부터 그 병사를 거
느리고 와서 연합하여 그들을 격파했다. 태조가 순식에게
이르러 말했다.
"짐이 꿈에 '이승(異僧)'이 갑사(甲士; 정예병) 삼천을 거느리고
온 것을 보았다. 익일에 경이 병사를 거느리고 와서 도우니,
이것이 그 감응이로다."
순식이 말했다.
"신이 명주를 출발해서 대현(大峴; 대관령)에 이르니 '이승(異僧)
의 사당(이승사異僧祠)'이 있었습니다. 제(祭; 제사)를 진설하고
기도하였습니다. 상께서 꿈꾼 바가 필시 이것일 것입니다."
태조가 기이하게 여겼다.

－『고려사』 권92 열전 왕순식 편

왕순식이 본주(本州; 명주)에서 장군일 때 태조가 신검(견훤의
장남, 후백제의 제2대 왕)을 토벌했다. 순식이 명주에서 그 병사
를 거느리고 전쟁에 참여해서 그들(신검의 군사)을 깨뜨렸다.
태조가 순식에게 말했다.
"짐이 꿈에 '이승(異僧)'이 갑사 삼천을 거느리고 온 것을 보았
다. 익일에 경이 병사를 거느리고 와서 도우니, 이것이 그 감
응이로다."

순식이 말했다.

"신이 명주를 출발해서 대현(大峴)에 이르니 '이승사(異僧祠)'가 있어서 제를 베풀어 기도하였습니다. 상께서 꿈꾼 바가 반드시 이것일 것입니다."

태조가 이것을 기이하게 여겼다.

-『동국여지승람』 권44 강릉대도호부 - 인물 왕순식 항

후백제의 운명이 걸린 일리천(일선=선산) 전투에서 신검은 대패하여 퇴각하였고 마지막 황산(논산) 전투에 신검이 왕건에게 항복하면서 마침내 고려의 통일이 완성되었다. 일선에 왕순식의 군대가 도착하기 바로 전날, 왕건은 꿈속에서 한 스님이 3천의 정예병과 함께 오는 것을 보았고, 왕순식은 군사를 이끌고 대관령을 넘으며 신비로운 스님을 모신 사당을 발견하고 그곳에 제를 올리고 기도했다.

시간의 순서대로 보면 군사를 이끌고 명주에서 출발한 왕순식이 대관령을 넘으며 스님의 사당에 제를 올렸고, 왕건이 꿈에서 스님이 정예병과 함께 오는 것을 본 후, 왕순식의 군사가 왕건의 부대에 합류한 것이다. 즉, 왕건의 꿈에 신비로운 스님이 나타난 것은 왕순식이 대관령의 사당에서 제를 올린 이후였다. 왕순식이 대관령 사당에서 제를 올린 스님과 왕건의 꿈에 나타난 스님은 아마도 같은 인물로 추측할 수 있다.

왕순식은 개청의 제자였다. 따라서 그의 행동에 개청의 가

르침이 있었다면 반드시 스승의 공을 밝혔을 것이다. 왕건 또한 독실한 불자였다. 꿈에서 만난 스님이 그가 아는 얼굴이었다면 "낭공 대사(개청)가 정예병을 이끌고 나타나는 꿈을 꾸었다."라고 기록을 남겼을 것이다. 하지만 왕건은 꿈에 본 스님이 누군지 알지 못했고, 왕순식 또한 기도를 올린 사당에 모셔진 스님이 누군지 알지 못했다. 왕건의 명으로 세워진 『낭원대사오진탑비』에는 개청과 왕순식의 이야기도 들어 있다. 개청이 만약 '왕건의 꿈에 나타난 신비스러운 스님', '왕순식이 기도한 사당에 모셔진 스님'이었다면 그 이야기는 비석에 남겨야 했다. 하지만 왕건과 왕순식을 모두 언급하고 있는 개청의 탑비에는 '신비로운 스님' 이야기는 쏙 빠져 있다.

> 또한 해당 수(명주)의 군주사(軍州事)를 맡은 대광(太匡) 왕순식(王筍息, 王順式) 공이 있어 뛰어난 재주로 경사를 널리 퍼지게 하고 용과 같은 이마가 상서로운 조짐을 나타내는 분이었는데, (낭원 개청 대사가 계신) 진리의 굴에 찾아와 기묘함을 탐구하고 선산(禪山)에 이르러서는 신이(神異)함을 숭앙하니, 사람 중에 사자(師子; 스승과 제자)가 산음(山陰)에서 달 구경하는 문을 두드리는 듯하였고, 하늘 위의 기린이 섬현(剡縣) 서하(栖霞)의 정사(精舍)를 찾는 듯했다.
> ─「보현사 낭원대사오진탑비(普賢寺朗圓大師悟眞塔碑)」

　그렇다면 이 신비로운 스님은 과연 누구였을까. 바로 범일이다. 명주의 백성들은 그때부터 오늘날까지 한 치의 의심도 없이 범일이 바로 그 주인공이라고 굳게 믿고 있다. 신라에서 고려, 조선, 대한민국에 이르기까지 천 년이 넘는 시간이 흘렀으나 대관령을 아우르는 신비로운 스님은 오직 범일뿐이기 때문이다.

대관령의 수호신

　범일은 미래 천년을 바라보며 오대산에 불법이 널리 흥할 씨앗을 뿌린 인물이다. 살아서는 영동의 백성들에게 정신적 지주이자 신앙의 구심이었고, 굴산사에서 제자들에게 유언을 남기고 평온하게 입적하였다. 하지만 그 후 범일이 오대산에 뿌린 선불교의 바람은 고려와 조선을 거쳐 오늘날까지 우리나라 불교 전체에 청정한 영향을 주고 있다.

　오대산에서 다가올 미래를 정확하게 통찰한 범일은 국사가 되는 대신 40여 년간 굴산사에서 수행하며 후학을 길러 산문을 세웠다. 그는 신라에 혼란이 닥칠 것을 알았고 관음 신앙을 대신할 새로운 중생 구제의 보살 신앙이 필요할 것을 알았다. 범일은 해동화엄종의 초조인 의상이 관세음보살을 친견한 낙산사에 정취보살을 조성했고, 자장 율사가 머문 오대산에서 제자 개청의 입문을 받아 주었다. 그가 오대산에 뿌린 불법의 씨앗이 혼란의 시대가 끝나고 난 뒤 싹을 틔우길 간절히 염원했기 때문이다. 이를 위해 범일은 40년이 넘는 세월 동안 오직 수행에 전념했고 그가 오대산에서 심은 불법의 씨앗은 마침내 보조 국사 지눌에 이르러 선불교의 꽃을 피우게 된다.

사굴산문의 개산조인 범일이 시대의 선승으로 추앙받는 것은 아주 당연한 일이다. 그런데 아무도 예상하지 못한 일이 일어났다. 명주의 백성들이 범일을 중생의 삶을 관장하는 신(神)으로 만든 것이다. 깊은 산사에서 수행하며 선법(禪法)을 전하던 선승 범일은 백성들의 염원으로 생로병사와 희로애락이 가득한 민중의 삶 속으로 들어와 대관령을 수호하는 성황신이 되었다. 여기에 더하여 단오제의 주신이 되면서 수백 살 어린 아내까지 생겼다.

만약 범일의 제자들이나 후대의 스님들이 끝까지 반대했다면 범일은 신이 될 수 없었을 것이다. 하지만 백성을 향한 범일의 자비심, 그 뜻을 알았기에 반대하지 않았다. 범일은 오대산을 도량으로 삼아 불교를 널리 전하고자 했다. 부처님의 가르침을 전하고 부처님의 마음을 깨칠 수 있는 선법(禪法)의 씨앗을 오대산에 뿌린 것은 결국 백성들을 위함이었다. 불교는 바다와 같은 종교이기에 대관령의 신이 된 범일을 불교에서는 아주 자연스럽게 받아들일 수 있었다. 불교의 바다 같은 종교적 특성 덕분에 범일이 입적한 후 민간에서는 대관령에 사당을 세워 범일을 모실 수 있었던 것이다.

천 년이 넘는 세월 동안 오대산에 뿌리를 내리고 선불교의 선풍을 크게 일으킨 선승 범일이 세속의 신이 되어 백성들과 함께 울고 웃으며 그들을 지키는 신이 되었다. 이치를 모르는 사람들이 보면 참으로 신기하고 이해하기 힘들 것이다.

예로부터 명주(강릉)는 독자적인 문화를 형성한 독특한 지역이었다. 이곳의 백성들은 대관령을 신성한 곳으로 여겼고, 대관령에 신이 좌정하여 세상을 평온하게 다스리고 보호한다고 믿었다. 이러한 신앙에 힘입어 강릉의 백성들은 오대산에 뿌리를 내린 범일을 '대관령에 좌정하여 세상을 지키는 신'으로 만든 것이다.

대관령의 성황신이 된 범일은 강릉단오제의 주신이 되어 우리의 문화와 정서를 더욱 풍요롭게 해 주고 있다. 조선 선조 36년(1603년) 강릉 초당 출신의 허균은 직접 강릉단오제를 보고 이를 『성소부부고』에 기록하였다. 이는 당대의 문장가였던 허균이 강릉 지역에서 오래도록 전승되어 온 강릉단오제에 대해 기록했다는 점에서 큰 의미가 있다.

계묘(1603)년 여름, 나는 명주에 있었는데, 주 사람들이 5월 길일(초하루)에 대령신(대관령 산신)을 맞이하려 하였다. 이에 내가 수리(首吏; 지방 관아의 벼슬아치)에게 물었다. 수리가 말했다.

"(대령)신이란 신라 대장군인 김공 유신입니다. 공이 소싯적에 (명)주에 유학하였습니다. (이때) 산신이 검술을 가르쳐 주고

(명)주의 남쪽 선지사에서 검을 주조하였습니다. 90일 만에 제로(諸爐; 화로, 용광로)에서 꺼내니 광휘가 태양 빛을 앗아갈 정도로 반짝였습니다. 공이 패용하고 분노하면 칼집에서 튀어나왔습니다. 이것으로 고구려를 멸하고 백제를 평정했습니다. 죽은 후에 (대관)령의 신이 되었으니 지금에 이르도록 영이(靈異; 신묘하고 특별함)가 있습니다. 이로 인해 (명)주 사람들은 매년 5월 초 길일에 제사를 올립니다. 기(旗), 개(蓋), 향(香), 화(花)를 갖추어 대(관)령에서 맞아와 부사(府使; 도호부)에 봉치(奉置; 받들어 안치하다)합니다. 5일이 지나면 잡희(雜戲; 다양한 연희)를 베풀어 기쁘게 해드립니다. 신(神)이 기쁘면 종일토록 개(蓋)가 쓰러지지 않는데 그해에는 풍년이 듭니다. 신(神)이 노하면 개(蓋)가 쓰러지는데 풍수지재(風水之災; 자연재해)가 있게 됩니다.”

나는 이를 이상히 여겨 그날에 가서 보았다. 과연 쓰러지지 않자 (명)주 사람 부로(父老)들이 모두 기뻐하며 구시(謳詩; 노래)를 외치고 서로 경사스럽게 여겨 변무(抃舞; 덩실덩실 막춤)를 추었다. 내가 생각해 보건대 (김유신)공은 살아서는 왕실에 공을 세워 삼통지업을 이루었다. 죽고 수천 년이 되어서도 오히려 다른 사람에게 화복(禍福; 재불과 복록)을 주어 그 신(神; 신묘함)을 드러내는 이는 가히 기록할 만하다.

- 『성소부부고』 권14 『대관령산신찬 병서』 중

　　김유신 장군은 신라가 삼국을 통일하는 데 큰 무공을 세운 인물이다. 허균이 『성소부부고』를 쓸 당시, 조선은 임진왜란과 정유재란이 끝나고 얼마 지나지 않을 때였다. 평화롭던 조선 전기(성종~중종), 대관령 산신의 사당은 대관령국사성황의 사당에 합쳐졌다. 하지만 임진왜란과 정유재란을 거치며 민중의 필요에 따라 강력한 무공으로 전쟁을 평정한 김유신 장군에 대한 신격화가 이루어졌다.

　　『임영지』는 제15대 광해군~제22대 정조(1608~1786)까지 약 180년 동안 명주의 풍속에 대한 기록을 담은 자료라고 할 수 있다. 총 다섯 권으로 알려졌으나 광해군 연간(1608~1623)에 간행된 『전지』, 영조 24년(1748)에 편찬된 『후지』, 정조 10년(1786)에 이루어진 『속지』까지 세 권만 전해지고 있다. 그중 『임영지-전지』에서는 범일이 명확하게 등장하며 왕긴과 왕순식의 이야기도 수록되어 있다.

> 범일은 이곳(오대산)에서 태어났고, 자장과 보천은 이곳에서 수도하였으며, 의상과 원효는 산천 사이를 오갔다고 하나 모두 전하는 것이 없다.
>
> — 『임영지(臨瀛誌)』 전지 권2 석증조

　　왕순식이 고려 태조를 따라 남쪽을 정벌할 때 꿈에서 승(僧)·속(俗) 이신(二神)이 병사를 거느리고 구하러 오는 것을 보았

다. 깨고 전쟁에서 이겼으므로 대관(大關)에서 제사하고 있
다.

－『임영지(臨瀛誌)』전지 사전(祀典) 대관령산신 탑산기(塔山記)

오대산에 뿌리를 두고 영동의 정신적 지주였던 범일은 구산
선문 중 한 곳인 사굴산문을 개창하여 선법을 널리 편 선사
(禪師)를 넘어 신이 되었고, 다시 축제의 주최자가 되었다. 민중
이 대관령국사성황신 범일과 함께 삶의 희로애락을 견뎌내고
자 했기 때문이다. 지역마다 존재하는 성황 중에 '국사(國師) 성
황신'이라는 독특한 칭호를 가진 신은 범일이 거의 유일하다.
국사성황신은 범일이 신라의 세 왕으로부터 '국사(國師)' 즉 온
나라의 스승으로 추대된 사실과 마을을 지키는 신을 모신 사
당을 의미하는 '국사당' '국수당'이 자연스럽게 합쳐진 것이다.
'국사(國師)' 추대를 세 번이나 거절했던 범일은 '대관령국사성황
신'으로, 새로운 신화로 탄생했다.

신화에서 전설로, 강릉단오제

우리 민족에게 단오는 제례와 축제, 사랑이 함께하는 날이다. 단오제는 『삼국지(三國志)』 동이전에 기록된 제천 의례로 『삼국사기(三國史記)』와 『삼국유사(三國遺事)』에는 5월 단옷날 시조신(始祖神)에게 제사를 지냈다는 기사가 남아 있다. 또한 1년 열두 달의 자연 정경에 빗대어 남녀의 애정을 노래한 고려가요 『동동(動動)』에는 단오를 수릿날로 기록하고 있다.

강릉단오제의 특별함은 대관령에서 출발하는 유구한 천 년의 독자적인 역사와 문화에 있다. 『고려사(高麗史)』에는 태조 왕건과 명주 장군 왕순식(王順式)의 대화에서 대관령에서 제사하였다는 기사를 볼 수 있는데, 이는 대관령 치제에 대한 첫 기록이다. 조선시대 허균(1569~1618)은 1603년 강릉에서 단오제 행사를 보고 기록을 남겼다. 더 후대에 편찬된 『임영지(臨瀛誌)』에는 강릉단오제가 자세히 기록되어 있다. 하지만 강릉단오제는 역사 속 기록으로만 남은 것이 아니라 '현재진행형'의 문화유산이라는 점에서 빛나는 가치를 가지고 있다.

범일은 스님이었으나 성황신이 되었고 강릉단오제의 주신이 되었다. 그런데 남녀노소가 어우러져 살아가는 민중의 삶에서 남신(男神) 홀로 마을을 지킬 수는 없는 법이었다. 민속의 신앙에서는 성황신도 음양이 맞아야 했다. 그래서 이번에도 범일의 의지와 상관없이 백성들의 신앙을 담은 대관령국사여성황이 탄생하였다. 범일이 그러하듯 대관령의 여성황 또한 명주의 인물이어야 했다. 강릉 지역 설화에 따르면, 대관령여성황은 조선 제19대 숙종(재위 1674~1720) 대 강릉 출신의 정씨 여인으로 천 년의 시간을 두고 범일과 부부가 되었다. 설화의 내용은 이렇다.

> 정 씨가 살던 집엔 강릉 부자 최준집 씨 자손이 살고 있는데 이 최씨네에도 예전 자기 집에서 일하던 계집아이가 있었는데 과년하여 시집가게 되었다. 시집가기 전날 그녀가 머리를 감으려 하자 엄니가 머리를 감으면 범에게 물려 간다 하고 만류했으나 말을 듣지 않고 머리를 감았다. 호랑이도 제 말 하면 온다는 속담 그대로 처녀는 범에게 물려 가고 말았다. 그래서 그 집안에서는 역시 대관령 산신의 처사로 보고 있다.
>
> – 김선풍, 『한국 시가의 민속학적 연구』, 형설출판사, 1977

옛날 강릉현 최돈목네에 동래 정씨인 정현덕네가 살고 있었다. 그 집에 과년한 딸이 있었는데, 하루는 꿈에 대관령 성황신이 나타나 정씨 집에 장가들기를 청했다. 그러나 정씨 부부는 사람이 아닌 성황을 사위로 삼을 수 없노라고 거절했다. 그런 후 어느 날 정씨의 딸이 노랑 저고리에 남치마를 입고 뒷마루에 앉아 있는데 호랑이가 와서 업고 달아나 버리고 말았다.

정 씨를 업고 간 호랑이는 대관령 성황신이 보낸 사자로서 그 처녀를 모셔 오라는 분부를 받고 왔던 것이다. 대관령국사성황은 그 정씨 처녀를 데려다가 자기의 처로 삼았던 것이다. 딸을 잃어버린 정씨 집에서는 큰 난리가 났으며 마을 사람의 말에 의해 호랑이가 물어 간 것을 알게 되었다. 가족들이 내관령 국사성황을 찾아가 보니 성황과 함께 서 있는데 벌써 죽어 정신은 없고 몸만 비석처럼 서 있었다. 가족들이 화공을 불러 화상을 그려 세우니 처녀의 몸이 비로소 떨어졌다는 설화다.

– 임동권, 『한국민속학논고』, 선명문화사, 1973

전설에 의하면, 대관령국사여성황신은 동래부사를 역임한 정현덕(1810~1883)의 딸이라고 한다. 일설에는 조선사 숙종 때 대관령성황신이 초계 정씨인 정완주 씨의 무남독녀인 경방댁 정씨 처녀가 창원 황씨 황수징과 결혼하였으나 시댁이 멀어 친정에 머물러 있다가 호랑이에게 물려 갔다고 한다. 대관령국사성황신이 혼자 있는 정씨 처녀를 데리고 오려고 정씨의 꿈에 나타나 청혼했으나 사람이 아닌 신에게 딸을 줄수 없다고 거절당하자, 호랑이를 시켜 야밤에 머리를 감고 대청마루에 얌전히 앉아 있던 처녀를 대관령으로 데리고 가서 영혼결혼식을 했다고 한다. 사람들이 처녀를 찾아 대관령으로 갔다니 처녀의 영혼은 이미 간데없고 신체는 비석처럼 서 있었다고 전한다. 이러한 전설은 이른바 호환(虎患; 호랑이에게 해를 당함) 설화의 유형이며 해원형(解冤形; 원통함을 해소하는 형식)의 하나로서 호환을 당한 처녀가 승화된 신격으로 재생하는 과정을 통해 호환을 방지하고 대관령 험로(險路)의 안전과 지역의 안녕, 풍요(豐饒)를 기원하는 축제의 요소를 내포하게 된 것이다.

– 장정룡,『강릉단오제 현장론 탐구』, 서울 국학연구원, 2007

설화의 주인공은 조선 숙종 대의 실존 인물로 초계 정씨의 시조인 정배걸의 21세손인 정완주와 안동 권씨 사이에서 낳은 외동딸이다. 정씨 여인은 황수징이라는 사람과 혼례를 올리고 난 다음, 시댁이 멀리 떨어져 있어 시댁 조상에 알묘를 하지 못한 채 친정(강릉 홍제동 경방)에 머물고 있다가 호랑이에게 붙잡혀 가 죽었다고 한다. 친정에서 죽은 몸이라 당시의 풍습에 따라 주검을 시댁으로 옮기지 못하고, 친정에서 장례를 치르고

묘를 친정어머니 묘 앞에 썼다. 강릉단오제 영신제 중에 정씨 처녀 생가(친정)에 들려 제의를 올리는 행사가 있다.

호환을 당한 여인이 같은 고통을 겪은 백성들을 위로하고 수호하는 존재로 다시 태어나 대관령국사여성황신이 되었다. 이미 대관령국사성황신은 자리하고 있었기에 여성황신이 등장하면서 범일과 정씨 여인은 자연스럽게 한 쌍의 신이 되었다. 이렇게 민중의 염원으로 '성황 부부'가 탄생한 것이다.

평범하고 힘없던 정씨 여인이 성황의 선택을 받아 호랑이에게 희생되고 나서 성황신 범일의 아내가 되어 백성을 보살펴 주는 이야기는 신의 초월적인 보호를 받고자 하는 민중의 염원을 고스란히 반영하고 있다. 범일과 정씨 여인은 생전에 일면식도 없었고 천 년의 시간을 두고 태어났지만, 사후에 신격화되면서 부부가 되었다는 점에서 상징성이 너욱 크다.

하지만 강릉단오제 중 열 차례에 걸쳐 올리는 유교식 제례의 축문에는 범일의 이름이 단 한 번도 등장하지 않는다. 오직 '대관령국사성황'이라는 호칭만 사용하고 있다. 반면에 무속의례에서는 범일의 이름이 계속해서 등장한다. (사)강릉단오제보존회에 전승되고 있는 22석의 단오굿 무가풀이 가운데 〈대관령 국사서낭 대내림〉〈청좌굿〉〈하회동참굿〉〈세존굿〉〈산신굿〉〈칠성굿〉〈군웅장수굿〉〈축원굿〉〈제면굿〉 등 무려 9석에 '대관령국사성황 범일'의 이름이 등장한다. 범일의 존재 자체가 없는 유교 제례의 축문과 달리 무속에서는 강릉단오

제 성황님이 곧 범일 국사라는 사실이 남아 있는 것이다.

남섬부주 대한민국 강릉시 영동구읍 영세읍이고
해우연분 병술년이고 달로는 오월달이요, 날짜는 사월이라
보름날 맞이하여
서왕님네 모실라고 이 정성을 드리는데
첫째는가 대관령아 범일 국사서왕님에 여국사서왕님에 양제
부체 모시는데…(중략)
 ― 강릉단오굿 예능보유자 빈순애 무녀의 〈대관령 국사성황 대내림〉 중

모시자 모시자 성황님네 모시자
대관령범일 국사 성황님네 모시자
대관령산신님네 산심님네도 모시자 산신님네를 모십시다…
(중략)…
오방살을 막아 주시고 우여치 대관령범일 국사성황님네 산
신님네
양제부체성황님네 내 모시러 간다아
        ― 강릉단오굿 예능보유자 빈순애 무녀의 〈청좌굿〉 중

수로오자 수로자 자아
남섬부주 대한민국이고 강원도 이십육관이고 강릉시 대동
안이고

해우년은 병술년이고 달로는 오월달이고 단오제 맞이하여
대관령범일 국사성황님 여국사성황님네
꽃비단 잎비단에 하회합심 모셔놓고… (중략)
– 강릉단오굿 예능보유자 박금천 무녀의 〈세존굿(시중굿, 당금애기굿)〉

(중략) 병법을 연마하며 대관령에 당도하니 그 경치가 절경이로다. 초목무성하고 하늘이 보이지 않은지라 첩첩산중이 분명하다. 대관령 중턱에 당도하니 거기에 한 분의 백발노인이 계신지라 이분이 바로 범일 국사이시며 이때부터 두 분이 알게 되었고 (생략)

– 강릉단오굿 무가(巫歌) 중

강릉단오제에서 모시는 세 명의 신, 즉 대관령국사성황신 범일 국사, 대관령국사여성황신 정씨녀, 대관령산신 김유신 장군은 모두 역사 속 실존 인물이다. 무속에서 신으로 모시는 존재는 대부분 뛰어난 무공을 지닌 장군이거나 출중한 능력을 지녔으나 억울한 죽음을 맞은 영웅인 경우가 많다. 중국의 관우 장군, 우리나라의 최영 장군, 남이 장군, 임경업 장군이 무속에서 신이 된 대표적 사례다.

하지만 강릉단오제에서 모시는 세 명의 신은 이러한 유형과 결이 다르다. 억울한 죽음의 서사에 기대어 신격화된 존재도 아니고, 극적인 비극을 통해 영웅화어 신이 된 인물도 아니다.

이러한 특수성은 강릉단오제 신앙의 성격, 이 지역의 역사 문화적 가치와 정체성 형성에 핵심적인 요소로 작용한다.

대관령국사성황신인 범일 국사와 함께 주목할 만한 이가 바로 김유신 장군이다. 1930년대 최백순이 편찬한 『동호승람』에는 김유신 장군의 행적을 통해 오대산과 강릉의 밀접한 관계를 알 수 있다. 김유신은 어린 시절 강릉에서 무예를 닦았고, 오대산에서 말을 타는 훈련을 했으며, 화부산에서 칼을 만들어 삼국을 평정했다는 기록이 남아 있다. 이러한 전승은 단순한 영웅담에 그치지 않는다. 오대산과 강릉이 하나의 문화권을 형성했음을 보여 주는 역사적·상징적 서사라 할 수 있다.

> 화부산사는 신라 명신 김유신의 사당이다. 말갈을 북쪽으로 쫓아내라는 왕명에 따라 이를 정복하기 위해 신유년(무열왕 8년, 661)에 명주에 와 화부산 아래에 주둔하며 칼을 만들었고, 오대산에서 말 타는 훈련을 하고 팔송정에서 토벌 계획을 도모했다. 적이 모두 두려워 도망가니 사방의 백성들이 의지하고 따랐다. 선생이 죽은 후 예전에 보호받은 것을 생각해 주둔처에 사당을 짓고 제향하였는데 세월이 흘러서도 변하지 않았다.
>
> −『동호승람』

1894년 갑오개혁 이전까지 강릉단오제는 국내 의례와 축제 가운데 가장 오랜 기간 이어진 행사로 확고히 자리하고 있었다. 하지만 갑오개혁 과정에서 대성황사에 모셔졌던 12신을 매장하면서 의례 절차와 행사 규모가 눈에 띌 정도로 축소되었다. 대성황사에 봉안되었던 12신에 대하여 민속학자 임동권 선생은 산신(송악산지신, 태백대왕신, 남산당제형태상지신, 감악산대왕지신, 김유신지신), **지모신**(성황당덕자모지신, 초당리부인지신, 서산송계부인지신, 연화부인지신), **장군신**(김이사부지신), **성황신**(신무당성황신, 범일국사지신)이라고 밝혔다.

그 이후 일제는 한일 강제 병합 전인 1909년, 단오제의 중심 공간이던 강릉 대성황사를 헐어 버리고 강릉단오제를 금지했다. 이는 단순한 축제 억압이 아니라 강릉, 지역공동체의 오랜 전통과 문화를 한순간에 말살한 셈이다.

일제는 무엇 때문에 그렇듯 집요하게 강릉단오제를 경계했을까. 먼저 1919년 3·1운동 이후 일제는 사람들이 많이 모이는 것 자체만으로도 날을 세웠다. 그런데 민심을 하나로 모으고 집단적 결속을 강화하는 문화 풍속은 일제에게 무척 부담스러운 요소였다. 가장 껄끄러운 것은 강릉단오제의 주신인 범일 국사가 민중에게 끼치는 영향력과 존재감이었다. 1930년 『강릉단오제』를 집필한 일본인 학자 아키바 다카시의 글을 통해 금지 조치의 배경을 짐작할 수 있다.

범일 국사는 강릉 진복리에 살았는데, 때마침 임진왜란이 일

어났다. 국사가 대관령에 올라가서 기도를 하니, 산하초목
이 모두 군대의 모습으로 보였으므로 일본군이 감히 공격하
지 못하고 달아나 버렸다는 일화를 남긴 걸출한 승려이다.
이런 이야기는 모두 산신신앙이 영웅신으로 변형되어 가는
과정을 나타낸 것이다.

– 일본학자 아카바 다카시가 1930년에 쓴 「강릉단오제」

　범일 국사는 신라 시대의 고승이다. 임진왜란은 그가 입적
한 뒤에도 약 800년이 지나서 일어난 전쟁이다. 그럼에도 일본
측 기록에는 범일 국사가 임진왜란에 등장한다. 백성들의 마
음속 범일 국사는 시대의 경계를 넘는 존재였다. 범일 국사는
시공을 초월하여 나라가 위태로울 때마다 신묘한 힘을 발휘
해 대관령과 강릉, 오대산은 물론이고 이 땅을 지켜내는 수호
신이자 영웅으로 인식되었다. 일제는 범일 국사가 대관령의 산
천초목을 모두 군사의 모습으로 보이게 하여 적이 감히 공격
하지 못하게 신통력을 부렸다는 일화를 구체적으로 기록해 놓
았다. 사실 여부는 알 수 없다. 그러나 분명한 것은 일제가 이
러한 전승을 의식하고 두려워했다는 점이다. 오대산과 대관령
은 단순한 자연이 아니다. 산천초목에 수행자의 청정한 숨결
과 나라를 지키고자 했던 이들의 애국심과 충정의 뜨거운 피
가 응축된 곳이다. 범일 국사가 그 중심에 있었다.
　범일 국사가 뿌린 불법의 씨앗은 오대산의 맑은 물을 머금

고 산천초목과 더불어 뿌리를 내리고 싹을 틔웠다. 진흙 속에서도 물들지 않는 선법의 정신은 고려를 거쳐 조선에 이르기까지 피고 지기를 거듭하며 한반도 전역에 법맥(法脈)을 흐르게 하였다. 우리의 정신과 문화를 억압과 폭력으로 말살하려 했던 일제에게, 오대산과 범일 국사가 상징하는 청정한 기운은 두려움의 대상이었을 것이다. 결국 일제는 강릉단오제를 축소하고 폐지함으로써 오대산과 범일 국사의 영향력을 차단하려 했다. 하지만 정신과 문화는 총과 칼, 명령과 폭력으로 자른다고 끊어지는 것이 아니었다. 정권이 몇 차례나 뒤집히고 바뀌어도 오대산이 품은 수행의 전통과 정신을 사라지게 할 수는 없었다. 오대산의 청정한 정신은 일제 치하에서도 끊이지 않고 이어졌다.

강릉 출신의 한학자이지 유학자인 돈호 심일수가 1900년대 초부터 1950년대까지 사회 전반에 대한 내용을 일기, 시, 잡서 등으로 기록한 문집 『돈호유고』에는 강릉단오제의 폐지에 대한 내용이 담겨 있다. 비록 짤막한 기록이지만 『돈호유고』의 내용은 한일합방 전까지 강릉단오제가 존속했다는 것을 보여 준다.

5월 단오에 무당들이 대관령국사성황신을 맞이하는 놀이를 일본인이 금지하여 비로소 폐지되었다.

―『돈호유고』

일제의 탄압 속에서도 강릉단오제의 맥은 끊어지지 않았다. 단오가 되면 여전히 장이 열렸고, 상인들은 단오제가 금지된 이후에도 자발적으로 돈을 모아 굿을 이어갔다. 그 규모는 예전과 비교할 수 없을 정도로 축소되었으나 단오제의 정신과 명맥은 지켜냈다. 축제가 강제로 축소되고 폐지의 위기를 겪으면서도 원형을 거의 보전할 수 있었던 것은 민중의 신앙과 공동체의 힘이었다. 이러한 토대 위에서 강릉단오제는 일제 강점기와 한국전쟁이라는 격동의 시기를 지나면서도 다시 살아날 수 있었다.

강릉단오제의 놀라운 점은 끈질긴 생명력과 생동감이다. 강릉단오제는 유교와 도교, 불교와 민간신앙까지 다양한 종교가 무속을 중심으로 결합하여 공동체를 위한 축제의 장을 이루는 대화합의, 살아 있는 '현재진행형' 축제이다. 강릉단오제는 1967년 1월 16일 국가 무형문화재 제13호로 지정되어 그 특별함을 인정받았다. 이어서 2005년 11월 25일에는 유네스코가 지정하는 '인류 구전 및 무형문화유산 걸작'으로 등재되는 영광을 차지하였다. 이후 2008년 6월 제2차 무형 문화유산 보호협약 당사국 총회의 제도 개편에 따라 '인류 무형 문화유산 대표 목록'이라는 명칭으로 바뀌었다.

정신·종교·역사·문화·향토적으로 엄청난 콘텐츠를 품고 있는 강릉단오제는 오늘날 세계적인 문화 축제로 자리 잡았다. 해마다 4월 5일 신주 빚기로 시작해서 4월 15일 대관령치제를 올린 뒤 5월 3일부터 8일까지 단오장으로 내려와 다양한 세시 민속과 어우러져 절정을 이룬다. 가장 핵심적인 의식은 대관 령국사성황신을 대관령국사여성황신 옆에 나란히 앉히는 것이 다. 범일은 1년에 단 한 번, 강릉단오제에서만 정씨 여인과 만 난다. 어쩌면 정씨 여인이 대관령국사여성황신이 된 것은 신과 인간, 남성과 여성, 과거와 현재의 모든 이들이 함께 어우러져 즐기는 공동체 축제, 강릉단오제를 완성하기 위함인지도 모른 다.

신이 된 세 남녀의 만남

음력 4월 초하루, 대관령국사성황당에 좌정했던 범일이 조용히 몸을 일으켰다. 단오제가 시작되기 전, 아무도 모르게 오대산에 다녀올 참이었다. 단오제가 일 년을 기다려온 민중의 축제라면 부처님오신날은 오대산의 불보살과 화엄의 성중, 민중이 한자리에 모이는 날이었다. 범일이 대관령국사성황신으로 좌정한 지 천 년이 흘렀어도 그는 부처님오신날 오대산에 가는 것은 빼놓은 적이 없었다.

범일이 성황당을 나서자, 목을 길게 빼고 길목에서 그를 기다리고 있던 김유신 장군과 대관령국사여성황 정씨녀가 다가와 반갑게 인사를 건넸다.

"이제 가십니까?"

"작년처럼 뒷모습만 보고 인사도 못할까 싶어 샛별이 뜨자마자 산신각에서 나왔습니다."

“매년 가는 길인데, 이른 아침부터 배웅하니 민망합니다.”

“그리 말씀하시면 섭섭합니다. 서방님이 가시는데 아녀자가 인사를 여쭙는 것은 당연합니다.”

정씨녀가 짐짓 새침한 표정을 짓자 김유신 장군이 웃음을 터트렸다.

“하하하, 맞습니다. 출타할 때 아녀자에게 알리고 가시는 것이 부부의 도리입니다. 저도 잘 지키지는 못했지만 그래도 부부의 일이라면 제가 국사성황보다는 조금 압니다.”

“오대산에서 보름 동안 머무실 예정이십니까?”

“네, 부처님께 먼저 인사를 드리고 봉우리마다 다녀올 참입니다.”

“그럼 저희도 늘 그랬던 것처럼 여기서 기다리고 있겠습니다.”

“신주 빚기는 닷새 후 4월 5일부터입니다.”

“신주는 무탈하게 빚어지도록 여성황께서 애를 써 주시지요.”

“청정한 수행을 하신 국사님께 술 빚기를 부탁드릴 수는 없으니 그건 제가 맡겠습니다.”

“호랑이에게 물려 가도 정신만 똑바로 차리면, 신랑도 만나고 대관령 여성황도 된다는 속담의 주인공이시니 야무지게 챙기실 거라 믿습니다.”

“이번에는 지난해처럼 만취하시면 안 됩니다. 신주를 기다리

는 신령들이 얼마나 많은데 장군님 혼자 그 많은 술을 다 드
셨으니….”

“예전에 비하면, 목만 축인 겁니다.”

“또 그러면 그때는 가만있지 않을 겁니다.”

김유신 장군과 대관령 여성황이 티격태격하는 모습을 보던
범일이 미소를 지으며 말했다.

“그만들 하시지요. 이러다가 늦겠습니다.”

“아이고, 죄송합니다. 얼른 출발하시지요.”

“오대산 불보살님들께 올 단오제도 무탈하게 잘 치르게 해
달라고 부탁해 주세요.”

“신도 그런 부탁을 합니까?”

“우리는 대관령의 붙박이 신이지만, 오대산 불보살님들은 어
디든지 나투실 수 있는 분들이 아닙니까? 더 훌륭한 분들께
서 마음을 내주십사 부탁드리는 것이지요.”

“역시 여성황은 아주 야무진 살림꾼입니다.”

“칭찬 감사합니다.”

더 있다가는 출발이 늦어질 것 같아 범일은 얼른 허공으로
몸을 띄웠다.

“이만 가보겠습니다. 보름 동안만 두 분께서 대관령을 잘 지
켜 주십시오.”

“국사께서 오대산으로 가시는데 무슨 걱정이십니까. 걱정 말
고 다녀오십시오.”

“보름에 뵙겠습니다. 아침 일찍부터 단오제가 시작되니 늦으시면 안 됩니다.”

“국사께서 어련히 알아서 오실 텐데 무슨 잔소리를 하십니까?”

“그냥 말씀드린 것입니다. 일 년에 한 번 오대산 불보살님과 화엄신중들이 다 함께 모이시는데, 부처님의 가르침을 논하다 보면 푹 빠질 수도 있는 것 아닙니까.”

“별걱정을 다 하십니다.”

“4월 15일부터 보름 동안 두 성황께서 나란히 한자리에 앉아 계실 텐데 부럽습니다.”

김유신 장군의 말에 얼굴이 붉어진 여성황이 말을 돌렸다.

“쓸데없는 소리 그만하시고 이렇게 나온 김에 검 한 번만 볼 수 있습니까?”

“무… 무슨 검 말입니까?”

“아니, 소싯적에 대관령 산신에게 검술을 배울 때 선지사에서 검을 주조했다고 하지 않았습니까. 90일인가 100일 만에 용광로에서 꺼냈더니 태양이 빛을 빼앗길 정도로 반짝거렸다는 그 검 말입니다. 그 검을 휘둘러 고구려를 멸하고 백제를 평정했다 하던데… 한번 보고 싶습니다.”

“백성들이 하는 말을 곧이곧대로 믿으시면 안 됩니다.”

“장군께서도 제가 호랑이에게 물려 갔다고 하지 않으셨습니까?”

"제가 실언을 했습니다. 검 이야기는 그만하시지요. 본디 장수에게는 검이 목숨입니다."

정씨녀와 김유신 장군의 목소리가 바람결에 흩어졌다. 범일은 허공을 날아가면서 오대산과 대관령을 바라보았다. 대관령을 가람으로 두르고 연꽃을 닮은 법당처럼 자리한 오대산을 보니 감개무량했다. 일주문 앞에서 신의가 합장하고 고개를 숙이며 범일을 반겨 주었다. 자장 율사와 신효 거사는 벌써 탑 위에 앉아 있었다. 대관령국사성황신 범일은 활짝 웃으며 월정사로 나아갔다. 부처님오신날이 지나면 단오제의 시작이었다.

도표로 읽는 범일 국사와 강릉단오제

　도표로 정리한 강릉단오제의 주요 유적지를 살펴보면 그 주인공이 범일 국사임을 알 수 있다. 강릉단오제의 제의 절차와 굿의 내용 또한 마찬가지다. 범일 국사가 차지하는 비중이 얼마나 큰지, 범일 국사의 영항력이 얼마나 깊은지 알 수 있다. 굵은 글씨로 표시된 항목이 대관령국사성황 즉 범일 국사와 관련되어 있다.

　범일 국사는 신이 되기 전, 스님이었기 때문에 강릉단오제 유적지에는 굴산사도 포함된다. 국내 최대 규모로 알려진 굴산사 당간지주와 범일 국사의 부도로 추정되는 부도 역시 강릉단오제의 주요 유적지이다. 또한 범일 국사는 강원도에서 태어나고 성장한 인물이다. 그의 탄생 설화와 연결된 석천과 학바위 또한 강릉단오제에서 매우 중요한 공간으로 자리한다.

　강릉단오제의 공식 일정은 유교식 제의이다. 정해진 날짜와 시간에 맞춰 신주를 빚으며 축제를 준비하고, 제의를 올려 축제의 시작을 알린다. 축제 기간 중 매일 같은 시간에 제의를 올리고 마지막 날에는 축제의 끝을 고하는 유교식 제의로 마무리한다. 강릉단오제 유교식 제의에서 가장 흥미로운 점은 제문에서 '범일'이라는 법명은 사라지고 '대관령국사성황'이라는 지위로만 등장한다는 것이다.

반면 무교의 의례인 굿에서는 '대관령국사성황'과 함께 '범일'의 이름이 계속 반복적으로 등장한다. 이러한 대비는 강릉단오제와 범일의 관계만으로도 불교와 유교 그리고 토속 신앙이 민중의 요구에 따라 자연스럽게 교차하고 융합하여 공존해온 과정을 알 수 있다.

강릉단오제 대표 유적지

대관령	**강릉단오제의 주신인 대관령국사성황(범일)을 모신 대관령국사성황사와** 대관령산신당, 칠성당과 용정이 모여 있다.
구산 서낭당	**대관령국사성황(범일)과 대관령국사여성황(정씨녀)의 아들 서낭을 모시고 있다.**
학산 서낭당	**대관령국사성황(범일)의 고향이자 범일이 주석했던 굴산사의 옛터.** 1999년부터 국사행차 장소가 되었고, 매년 주민들이 정성껏 제를 올린다.

대관령여성황사	대관령국사성황(범일)은 매년 음력 4월 15일 대관령을 내려와 대관령국사여성황사에서 보름 동안 함께 지낸다. 강릉의 주민들은 이를 통하여 화해와 음양의 조화, 풍농을 기원한다.
석천	굴산사지 부근의 우물로 강릉 호족 문씨녀가 이곳에서 해가 떠 있는 물을 마시고 대관령국사성황(범일)을 잉태한 전설이 담겨 있다.
학바위	아비 없이 태어난 대관령국사성황(범일)이 갓난아기 때 버려진 곳으로 학이 범일을 감싸고 먹을 것을 주어 보살폈다는 전설이 전해진다.
당간 지주	사찰의 입구나 뜰에 세우는 두 개의 돌기둥으로 우리 나라에서 가장 큰 규모이다. 범일이 주석했을 당시 굴산사의 규모를 짐작할 수 있다.
부도	범일의 부도로 추정되며 신라 말 고려 초기 양식을 갖추고 있다.

※ 강릉단오제의 주요 유적지는 대부분 범일과 관련되어 있다.

강릉단오제 유교식 제의 순서

음력 4월 5일	신주(神酒) 빚기	강릉시장(강릉 부사)이 술을 담글 쌀과 누룩, 솔잎을 강릉단오제 보존회에 전하면 제관과 무녀, 시민 등이 강릉 일원을 돌아 칠사당(七事堂)에서 술을 담근다.
음력 4월 15일	대관령 산신제 및 국사 성황제	대관령에서는 먼저 산신을 모시고 이어 **국사 성황제가 열린다.** 성황제를 마친 뒤 음복 후 산정으로 신목을 모시러 올라 간다. **대관령 정상 부근의 단풍나무에 국사 성황이 강림**한다고 믿는다. 신목잡이와 무녀들은 신이 강림한 나무를 찾아 신으로 모시고 내려온다. 신목에는 주민들의 소원을 적어놓은 오색(五色), 오방색(五方色) 천을 예단으로 건다. 국사 행차 신목을 모신 일행들이 대관령을 내려와 구산(국사성황 부부의 큰아들), 구정(국사성황 부부의 작은아들) 서낭제를 지내고 대관령국사여성황사에 봉안한다. **음력 5월 3일까지 대관령국사성황 부부는 대관령국사여성황사에서 함께하며 강릉단오제의 이념인 음양의 조화를 이룬다.**

음력 5월 3일	영신 행차와 조전제 (강릉단오제의 전야제)	국사여성황사에서 영신 행차를 알리는 제례를 올린다. 국사여성황의 친정인 경방 댁에서 제사와 굿을 받는다. 경방 댁을 떠난 신목이 중앙로에 인접해 오면 횃불을 밝혀 「영산홍가(映山紅歌)」를 부르며 신을 맞는다. 신목이 남대천 가설 제단에 좌정하면서 본격적인 강릉 단오제가 시작된다.
음력 5월 4~7일		매일 오전 10시 유교식 제례인 조전제(朝奠祭)가 열린다. 이어서 무교식 의례인 강릉단오굿이 펼쳐진다.
음력 5월 7일	송신제와 소제	오후 5시 뮤렵 송신제(送神祭)를 지내고 제딘에서 사용되던 신목을 비롯한 지화(紙貨), 지등(紙燈) 등 의례용 소품들을 남대천 모래톱에서 불태운다. 신을 돌려보내는 의식이다.

※ 강릉단오제의 유교 제례에서는 '범일 국사'가 아닌 '대관령국사성황'이라는 명칭만 등장한다.

강릉단오굿의 굿 내용 및 순서

정화(淨化) – 장소를 정화	
청신(請神) – 신을 부름	부정굿 – 신을 모시기 전에 부정한 것을 씻어 버리는 의례 **청좌굿** – 성황신을 모시는 굿 **화회굿** – 모든 신들이 오시어 굿당에 동참하고 다툼 없이 주어진 역할을 다해 달라고 기원하는 굿
축언(祝願) – 인간의 소원을 고하고 신의 대답을 들음	무당들이 정식 굿 사이에 수시로 진행
오신(娛神) – 신과 함께 축제를 즐김	조상굿 – 자손을 잘 보살펴 달라는 축원 **세존굿**(시준굿, 당금애기 삼신굿) – 자손 번영 기원 **산신굿** – 대관령국사성황 부부와 산신에게 복을 기원 성주굿 – 세간 들여서 다복하게 살기를 기원 **칠성굿** – 수명 및 인간사의 전지 전능한 신에게 복을 기원 **군웅장수굿**(중요) – 외부로부터의 액을 막아 주는 굿 심청굿 – 심청전과 대동소이하게 진행 **축원굿,** 천황굿, 지신굿, 용왕굿(빠지기도 함) 손님굿(마마굿) – 전염병 및 질병 예방 기원 천왕굿(원님굿) – 역사를 더듬어 보는 굿 **제면굿** – 무녀의 내력을 밝히는 굿
송신(送神) – 신을 돌려보냄	꽃노래굿·뱃노래굿·등노래굿·대맞이굿·환우굿

※ 강릉단오굿에는 '범일 국사'가 절반 정도의 무가에 등장한다.

월정사에는 자장이 처음에 띠집을 짓고, 다음 신효 거사가 와서 살았고 그다음에 범일의 문인 신의 두타가 와서 암자를 세우고 살았다. 그 후 수다사의 장로 유연이 와서 살아 점차 큰 설을 이루었다. 절의 다섯 성중과 9층 식딥은 모두 성자의 자취이다. 땅을 자세히 보는 사람(地師)이 말하기를 "국내의 명산 중에서 이 땅이 가장 좋은 땅이므로 불법(佛法)이 길이 흥할 곳이다"라고 하였다.

– 『삼국유사(三國遺事)』, 「대산월정사오류성중(臺山月精寺五類聖眾)」

자장 율사와 범일 국사의 자취가 스며 있는 오대산은 굽이 굽이마다 역사와 신화가 전설이 물결처럼 흐르는 불법의 성지 이자 민족 정신의 원형을 간직한 우리네 마음의 고향이기도 하다. 이곳에 머물렀던 고승들과 인물들의 수행과 신화는 오대산을 성스러운 화엄의 바다로 완성했다. 그중 범일 국사는 승(僧)과 속(俗)을 아우르며 오대산과 하나가 된 존재, 자비의 화신이자 불법을 깨달은 궁극의 존재로 기억되고 있다.

불교는 자비를 근본으로 삼는다. 하지만 불교가 크게 융성했던 신라 역시 왕위 다툼과 반란 그리고 전란이 끊이지 않았다. 사찰을 세우고 불상을 조성하는 데 정성을 바쳤던 왕들조차 권력의 소용돌이 속에서 죽임을 당했고, 귀족들은 권모술수와 배신을 일삼았다. 신라의 수도 금성은 불교 신앙의 중심지이면서 동시에 권력과 욕망의 불길이 쉴 새 없이 타오르는 곳이었다.

이러한 시대에 명주에서 태어난 범일은 서라벌을 거쳐 당나라로 유학했고, 귀국 후 다시 서라벌을 거쳐 고향인 명주로 돌아와 사굴산문을 개산하고, 선법(禪法)을 전하다가 생을 마쳤다. 한편 범일은 시시때때로 오대산의 품에 깃들어 수행했다. 오대산은 세속의 번뇌를 씻어내는 공간이었다. 오대산의 정기를 품고 태어나 오대산의 상서로운 환경에서 깨달음을 체득한 범일은 세상의 본모습, 현실의 이면을 꿰뚫어 보았다. 속세의 그 누구도 오대산에 있는 범일보다 세상을 또렷하게 보지 못했다.

범일은 오대산의 정기가 내려오는 굴산사에서 40년을 주석했다. 수백의 스님이 머물던 굴산사, 쌀을 씻은 물이 명주의 앞바다까지 흘러갔다고 전해진다. 야트막한 학산 아래 자리한 굴산사에서 펼쳐진 범일의 가르침 역시 쌀뜨물처럼 낮은 곳으로 흘러가 백성들의 일상에 스며들었다.

'평상심이 곧 도'라는 범일의 선불교는 삶의 자리에서 실천하는 깨달음을 강조했다. 경전을 외우고 학문을 쌓는 것을 수행이라 생각했던 이들에게 범일의 가르침은 갈증을 씻어 주는 감로수였다. 그러나 불법이 낮은 곳으로만 흘러가서는 그 뿌리를 온전히 내릴 수 없다는 사실, 영원히 전할 수 없다는 것을 범일은 알고 있었다.

범일은 당나라에서 폐불의 참상을 직접 겪었다. 수천 개의 사찰이 파괴되고, 수십만의 스님들이 강제로 환속하거나 쫓겨나는 것을 목격하면서 제도와 권력이 바뀌면 사찰과 불상, 경전은 언제든 사라지거나 파괴될 수 있다는 것을 절감했다. 범일은 불법이 파괴되지 않을 장소와 사라지지 않을 방법을 구상했고, 마침내 그 길을 열었다. 바로 건물이나 형식이 아닌 대관령을 울타리로 삼고 오대산을 법당으로 삼아 영원히 사라지지 않을 불법을 새겨놓는 것이었다.

범일은 오대산에 대규모 불사를 일으키지 않았다. 풀 한 포기, 돌멩이 하나 손대지 않은 채 오직 계율을 근간으로 법당을 세웠다. 산 전체가 도량, 수행의 공간이기에 오대산 봉우리마다 허공에 문수보살을 모셨다. 성스럽고 신령한 대관령은 굽이굽이 불보살님이 상주하는 전각이 되었고, 오대산은 그 자체로 청정한 가풍이 살아 숨 쉬는 도량이 되었다. 오대산은 범일이 쌓아 올린 상구보리의 숨결로 완성되었고, 범일이 하화 중생의 마음으로 갈고닦은 굴산사는 터만 남았다.

후대에 민중들이 범일을 대관령의 신으로 모셨을 때, 범일은 해탈의 초월 세계 대신 지상으로 내려왔다. 범일은 자신이 불법의 씨앗을 뿌리고 일구고 가꾼 오대산을 지키는 대관령국사성황신이 되었다. 그가 일구어 놓은 오대산의 정신은 변하거나 파괴되지 않고, 산과 불법이 하나 되어 살아 숨 쉬는 형태로 영원히 우리를 이끌어 주리라.

선불교의 계보와 정통성을 지키기 위해 선사들의 법어와 선문답, 전법 내력 등을 모아서 기록한 『조당집』에는 범일의 이야기도 수록되어 있다. 『조당집 – 범일전』에 수록된, 범일 국사의 귀국을 찬탄하는 시를 읽으며 범일 국사의 자비에 감사한 마음을 전한다. 이 시는 범일을 한 시대의 수행자가 아닌, 이 땅에 불법의 빛을 드리운 인물임을 증명하고 있다.

> 높이 솟은 계율의 달(亭亭戒月정정계월)
> 빛의 흐름 현토의 성에 이르는구나!(光流玄兔之城광류현토지성)
> 교교한 의주는(皎皎意珠교교의주)
> 청구의 경계를 비춰서 뚫는다네(照徹靑丘之境조철청구지경)
>   –『조당집』권17「명주굴산고통효대사(범일전)」 중

참고문헌

월정사 역사와 문화 4. http://www.whlee.kr/bbs/board.php?bo_table=05_1&wr_
	id=47&page=15

디지털강릉문화대전. https://gangneung.grandculture.net/gangneung

〈서유록〉〈임영지〉〈돈호유고〉

한국민족문화대백과사전. https://encykorea.aks.ac.kr/

국사편찬위원회 우리역사넷. https://www.history.go.kr/

〈삼국유사〉〈삼국사기〉〈고려사〉〈동국여지승람〉〈낭원대사오진탑비〉

〈입당구법순례기〉 번역문

한국민속대백과사전. https://folkency.nfm.go.k

강원학연구센터. http://www.gangwonstudies.re.kr/portal/index

(사)강릉단오제보존회. http://danoje.or.kr/web/main.html

박영규, 〈한 권으로 읽는 신라왕조실록〉 ㈜웅진씽크빅, 2005.

이도흠, 〈신라인의 마음으로 삼국유사를 읽다〉 푸른역사, 2000.

이희진, 〈신라왕조실록1-3〉 ㈜살림출판사, 2017.

윤청광, 〈고승열전 4 - 자장율사, 백년도 못사는데 무얼 그리 탐내는가〉 우리
	출판사, 2016.

자현, 〈신이 된 선승, 범일 국사〉 불광출판사, 2023.

〈큰스님, 대관령 신이 되다〉 범일 국사문화축전위원회, 2015.

〈새롭게 태어나는 천년의 꿈, 범일 국사〉 범일 국사문화축전위원회, 2015.

〈성성적적 추계답사 - 오대산, 평창, 강릉&양양〉, (사)성적문화연구원, 2024.

오대산의 고승 2

범일 국사

초판 1쇄 인쇄 _ 2026년 4월 15일
초판 1쇄 발행 _ 2026년 4월 25일

지은이 _ 조민기

펴낸이 _ 윤재승
펴낸곳 _ 민족사

주간 _ 사기순
편집 _ 최윤성
기획홍보 _ 윤효진
영업관리 _ 김세정, 백지영

출판등록 _ 1980년 5월 9일 제1-149호
주소 _ 서울 종로구 삼봉로 81 두산위브파빌리온 1131호
전화 _ 02)732-2403, 2404 **팩스 _** 02)739-7565
홈페이지 _ www.minjoksa.org
페이스북 _ www.facebook.com/minjoksa
이메일 _ minjoksabook@naver.com

ⓒ 월정사 2026

ISBN 979-11-6869-097-4 (04220)
ISBN 979-11-6869-095-0 (세트)